Obra Maestra de Su Gracia

DIANE VÁZQUEZ

Obra Maestra de Su Gracia
©2025 por Diane Vázquez
DianeVázquez.com
Todos los derechos reservados.

Ninguna parte de esta publicación puede ser reproducida, almacenada en un sistema de recuperación o transmitida de ninguna forma ni por ningún medio, ya sea electrónico, mecánico, fotocopia, grabación o cualquier otro, sin permiso por escrito, excepto en el caso de citas breves incluidas en artículos críticos y reseñas.

Diseño de portada y diseño interior: Authorius / Jonathan Riddering

Todo el texto bíblico sin otra indicación ha sido tomado de la Santa Biblia, Nueva Traducción Viviente, © Tyndale House Foundation, 2010. Usado con permiso de Tyndale House Publishers, Inc., 351 Executive Dr., Carol Stream, IL 60188, Estados Unidos de América. Todos los derechos reservados. Utilizado con permiso.
Otras versiones utillizadas:
NVI – Nueva Versión Internacional
Texto bíblico tomado de la Nueva Versión Internacional®. NVI®. Derechos de autor © 1973, 1978, 1984, 1995, 2011 por Biblica, Inc.™ Usado con permiso. Todos los derechos reservados en todo el mundo.
RVC - Reina Valera Contemporánea ® © Sociedades Bíblicas Unidas, 2009, 2011. Utilizado con permiso.
RVR1960 - Texto bíblico: Reina-Valera 1960 ® © Sociedades Bíblicas en América Latina, 1960. Renovado © Sociedades Bíblicas Unidas, 1988. Utilizado con permiso. Reina-Valera 1960® es una marca registrada de Sociedades Bíblicas Unidas, y se puede usar solamente bajo licencia. Utilizado con permiso.

ISBN: 979-8-9940502-0-0
Primera Edición
Paperback

A MI ESPOSO,

Quizás este no sea el tipo de libro que un esposo quisiera que le dedicaran.

Pero después de Dios, si no hubiera sido por ti, yo no sería la mujer que soy hoy.

Gracias por amarme, incluso cuando estaba rota.

Te amo.

Contenido:

Prólogo		9
Capítulo 1	**Fundamento**	13
Capítulo 2	**De cuento de hadas a la vida real**	23
Capítulo 3	**Doblada, pero no rota**	31
Capítulo 4	**La ruptura**	39
Capítulo 5	**El hoyo**	45
Capítulo 6	**El huracán**	59
Capítulo 7	**Reconstruyendo pedazos**	73
Capítulo 8	**Perdonarme a mí misma**	81
Capítulo 9	**Redescubriendo el propósito**	99
Capítulo 10	**La verdad que sana**	115
Capítulo 11	**El Dios de las segundas oportunidades**	127
Capítulo 12	**Caminando en gracia**	139
Capítulo 13	**Una obra maestra de su gracia**	173

Prólogo

Recuerdo cuando visité el Louvre en París y me encontré frente a la Mona Lisa. Aunque es un cuadro pequeño entre tantas obras enormes e imponentes, atrae a multitudes. Allí comprendí algo que me marcó: una verdadera obra maestra no depende del tamaño ni de la apariencia, sino del valor que el artista deposita en ella. Así ocurre con nuestras vidas: aunque a veces nos sintamos pequeños o insignificantes, en las manos del Creador somos una obra maravillosa de Su gracia.

Como toda obra de arte, nuestra vida necesita tiempo, cuidado y paciencia. Todos atravesamos momentos que nos quiebran, temporadas en las que parece que nada puede sostenernos. Pero justo ahí, cuando el dolor parece prevalecer, la gracia de Dios se hace evidente y nos sorprende con su poder restaurador.

Este libro trata de eso: de cómo Su gracia entra en la vida real, no en la perfecta. En estas páginas conocerás la historia de Diane, quien decidió abrir su corazón y compartir sus procesos, incluso los más difíciles, para mostrar que siempre hay esperanza, segundas oportunidades y caminos de restauración.

Lo que más me conmueve de Obra maestra de Su gracia es lo íntimo que se siente. Diane escribe como quien conversa contigo de frente, con humildad y transparencia. Habla desde lo que ha vivido y eso convierte su testimonio en un regalo: inspira, reta y acerca a una fe más real.

A través de sus capítulos nos lleva por diferentes etapas de su vida: fundamentos que nos sostienen, rupturas que duelen, momentos sin salida, pero también reconstrucción, perdón, propósito y la verdad que sana.

Conozco a Diane desde hace más de quince años y puedo dar fe de su transformación. Este libro refleja ese mismo proceso: honesto, profundo y lleno de principios que ayudan a convertir lo perdido en algo significativo. Al cerrar sus páginas comprenderás que nuestras vidas —con giros, roturas y cicatrices— son verdaderas obras maestras, moldeadas por una gracia que transforma, sostiene y embellece cada historia.

Sonalí Irizarry
Pastora Asociada
The Movement Church

CAPÍTULO 1:

Fundamento

INTRODUCCIÓN: UN CORAZÓN APASIONADO

"¿Alguien se ofrece como voluntario para limpiar los baños de la iglesia para el próximo domingo?" La voz del líder resonó en el santuario, una petición que pocos se atreverían a aceptar. Pero, sin pensarlo dos veces, levanté la mano llena de entusiasmo. Aunque para muchos, ofrecerse como voluntario para limpiar los baños podría ser algo común, incluso indeseable, para mí era un privilegio: una pequeña manera de darle de vuelta al lugar que me brindaba tanta alegría.

Mis recuerdos más tempranos están conectados con las imágenes y los sonidos de la iglesia: mi padre predicando con pasión en el altar, mi madre sirviendo con un amor inquebrantable en cada área posible, y yo, sentada en primera fila, sintiendo un profundo sentido de pertenencia. Desde muy pequeña comprendí que la iglesia no era solo un edificio o un ritual semanal, sino que era familia, comunidad y, sobre todo, un lugar para conectarse con Dios.

Limpiar los baños puede haber parecido una tarea menor, pero para mí era una expresión de mi amor y devoción por la iglesia y, sobre todo, por Dios. En esos momentos de servicio, ninguna tarea era demasiado pequeña o insignificante porque todo lo que hacía formaba parte de algo más grande que yo misma. Mientras limpiaba, sentía un sentido de propósito al saber que formaba parte del reino de Dios aquí en la tierra. Esa pasión me acompañaría en el camino que tenía por delante, un viaje que me revelaría la gracia de formas que jamás habría imaginado.

CONOCIENDO LA FE

Mientras crecía, mis padres fueron mis modelos a seguir. Y aún lo son. Mi padre ha sido pastor desde que yo tenía 7 años. Y él no solo era pastor los domingos, sino que vivía su fe a diario, mostrándonos, a mi hermano y a mí, el verdadero significado de la integridad, el amor, la devoción a Dios y el servicio en el ministerio. Mi madre era igualmente apasionada por Dios, aunque su ministerio se centraba más en nuestra familia y hogar. Nos cuidaba con abnegación, creando un ambiente donde no importaba lo que pasaba, la fe y el amor estaban siempre presentes.

Desde que tengo memoria, la fe de mis padres dio forma a todos los aspectos de mi vida. No era solo algo que practicaban públicamente en los servicios de la iglesia, sino también en privado. La fe era el fundamento de su identidad. Mi padre era, ante todo, un hombre de familia, una fuente constante de apoyo, guía y sabiduría. Era el tipo de padre que se despertaba temprano para llevarnos a la escuela, y de camino siempre oraba con nosotros. Leer y meditar en la Biblia era fundamental en nuestro hogar.

Mi madre, por otro lado, era el alma y corazón de nuestro hogar, la columna que lo sostenía con amor inquebrantable. Ella era la que se aseguraba de que estuviéramos vestidos,

FUNDAMENTO

alimentados y cuidados, todo mientras llenaba nuestros días de calidez, ternura, alegría y diversión. Ella era nuestra roca, quien mantenía todo unido con una fortaleza serena que admiraba profundamente. Quizás en ese entonces era tan joven que no podía dimensionar la magnitud de su entrega ni la profundidad de su sacrificio, pero ahora que soy esposa y madre, puedo comprenderlo. Su amor por Dios era evidente en todo lo que hacía, desde la forma en que nos hablaba hasta la manera en que oraba por nosotros cada noche. Todavía la recuerdo de pie junto a mi cama orando, susurrando palabras de fe y bendición, pidiéndole a Dios que me cuidara, me protegiera y me guiara. Su amor y devoción fueron un faro que iluminó mi vida, mostrándome el verdadero camino de entrega y amor incondicional.

Nuestro hogar no era uno pudiente, pero teníamos todo lo que necesitábamos y más. Tal vez no teníamos los juguetes o dispositivos más nuevos en ese entonces, como el "Play Station", el "Nintendo 64" o el "Game Boy", pero disfrutábamos la vida, nos rodeaba el amor, vivíamos nuestra fe y, sobre todo, nos apoyábamos mutuamente.

A medida que fui creciendo, comencé a ver cuán bendecida era por tener unos padres que amaban tanto a Dios y se amaban entre sí. No eran perfectos, y ciertamente tuvimos nuestra cuota de desafíos y problemas, pero su amor y fe fueron constantes en mi vida. Fueron mi fundamento, el vivo ejemplo de lo que significa vivir una vida completamente dedicada a Dios. A través de su testimonio comprendí que algún día quería formar una familia cimentada en la fe, el amor y el servicio a Dios, como la que ellos me dieron.

LA IGLESIA, MI SEGUNDA CASA

La iglesia no era solo un lugar al que íbamos los domingos; era nuestro segundo hogar. Era donde me sentía más viva, más conectada y llena de propósito. Para mí, la iglesia era más que un edificio o un servicio semanal; era un lugar donde podía ser yo misma y sentir la presencia de Dios de una manera que no podía sentir en ningún otro lugar. Algunos de mis recuerdos más felices como niña criada en la iglesia son los de correr por los pasillos jugando con mis amigos y participar en cada actividad que la iglesia ofrecía. Ya fuera un servicio dominical, un estudio bíblico o un evento para jóvenes, quería estar allí para todo. Recuerdo llorar en las noches cuando tenía mucha tarea y no podía ir a la iglesia. Sentía que me estaba perdiendo de algo increíble.

La comunidad de la iglesia era mi familia y mis amigos. Me sentía como en casa. Estaba rodeada de personas que amaban a Dios y se amaban entre sí, y eso me daba un profundo sentido de pertenencia que me anclaba a ella. La iglesia no era solo un lugar donde aprendía acerca de Dios; era donde lo experimentaba de manera viva y real.

APRECIANDO LA PALABRA DE DIOS

Nuestro hogar estaba lleno de Biblias de todo tipo y versiones: Biblia ilustrada, Biblia de historias, Biblia de estudio, Biblia de caricaturas, Nueva Versión Internacional y todas las demás traducciones que mis padres podían encontrar. Ellos estaban convencidos de que conocer la Palabra de Dios era esencial, y querían que tuviéramos acceso a ella en todas sus formas y maneras. Mi padre nos leía a mi hermano y a mí la *Enciclopedia de Historias Bíblicas*, dando vida a los personajes y eventos de la Biblia de una manera que los hacía sentir reales y cercanos para nosotros. Así fue sembrando en nuestros corazones un amor profundo por la Palabra de Dios.

FUNDAMENTO

Esos momentos se convirtieron en algo sagrado para nosotros. Mi hermano y yo elegíamos las historias más largas para que papá pasara más tiempo con nosotros. Luego, llegaba el momento de la oración. El oraba por nosotros, pidiéndole a Dios que nos bendijera, nos protegiera y nos encaminara. No siempre entendía las palabras que mi padre decía mientras oraba, pero sentía el amor, la fe y la pasión detrás de cada palabra. Sabía que Dios estaba escuchando, que Él era real y que me cuidaba.

A medida que fui creciendo, comencé a leer la Biblia por mi cuenta y fui descubriendo la belleza y la profundidad de la Palabra de Dios por mí misma. Empecé a tener una conexión con la Palabra de Dios. Cuanto más la leía, más quería saber. Pasaba horas leyendo, subrayando los versículos que me hablaban y tratando de memorizar pasajes que me parecían particularmente significativos. En ese entonces, el journaling bíblico comenzó a ser algo popular, así que mi Biblia se llenó de imágenes y colores. Cada versículo era como un hilo que tejía, cada vez más, el amor y la gracia de Dios en los que me apoyaría a lo largo de mi vida. La primera Biblia que tuve de adolescente fue la Biblia de los *Precious Moments*, me sentía la chica más "in" de la iglesia porque finalmente tenía la Biblia que todas las jóvenes querían.

Más tarde, cuando entré a la escuela superior, mi mamá me regaló una Biblia verde fosforescente, que en la portada tenía el versículo bíblico: "Porque yo conozco los planes que tengo para ustedes —afirma el Señor—, planes de bienestar y no de calamidad, a fin de darles un futuro y una esperanza" Jeremías 29:11 NVI. Aunque crecí en la iglesia, nunca me había topado con ese versículo ni había escuchado ninguna predicación sobre él. Pero esas palabras no dejaban de resonar en mi mente. Las escribí en un papel y las puse en el espejo de mi coqueta para leerlas todos los días. Todavía hoy, este versículo me brinda una profunda paz, sin saber lo mucho que la vida me llevaría a recordar estas palabras: "Porque yo conozco los planes que tengo para ustedes —afirma el Señor—, planes de bienestar y no de calamidad...".

ENCUENTROS DIVINOS

Algunas de mis experiencias más transformadoras ocurrieron en eventos de la iglesia, viajes misioneros y campamentos de jóvenes. Un verano nuestra iglesia organizó un viaje para ver a Billy Graham predicar en una de sus cruzadas en San Juan, Puerto Rico. Nos subimos a un gran bus escolar amarillo y comenzamos el viaje de dos horas desde nuestro pequeño pueblo hasta la capital. Miles de personas estaban reunidas en aquella arena. Mientras escuchaba a Billy Graham hablar, quedé cautivada por sus palabras, por la manera en que hablaba del amor y la gracia de Dios con tanta fuerza, pasión y convicción. Cuando invitó a las personas a pasar al frente y aceptar a Cristo, vi cómo miles de personas levantaban sus manos como señal de que querían arrepentirse de sus pecados y seguir a Jesús. Las lágrimas corrían por sus rostros y, aunque era tan sólo una niña, sentí un fuego en mi corazón—un deseo de seguir a Dios toda mi vida.

Otra experiencia inolvidable fue un campamento de jóvenes que reunió a iglesias de todo Puerto Rico. Fue inolvidable porque en ese campamento entregué mi vida a Jesús. Tenía alrededor de 16 años y tomé esta decisión porque yo quería, no porque mis padres me obligaban. Fue un momento especial. Había tantos jóvenes que compartían mi pasión por Dios, que eso me inspiraba. Fue allí donde sentí por primera vez un llamado a servir, un deseo de dedicar mi vida a la obra de Dios y ayudar a otros a encontrar el mismo amor y pasión que habían transformado mi vida. Esos encuentros encendieron un fuego en mí, una pasión por el reino de Dios que moldearía mis sueños, mis metas y mi futuro.

FUNDAMENTO

ENTRE LA PRESIÓN DE GRUPO Y MI FE

Al entrar en la adolescencia, mi fe fue puesta a prueba de formas que no esperaba. En la escuela secundaria enfrenté las tentaciones típicas: fiestas, presión de grupo y deseo de encajar. Mis amigos me invitaban a fiestas y, aunque parte de mí sentía curiosidad, sabía que mis padres no lo permitirían. Pero más que eso, no sentía la atracción que mis amigos sentían por esas cosas. Mi corazón estaba enfocado en algo diferente, algo más alto y profundo.

Hubo un momento que nunca olvidaré. Un amigo me dijo en tono burlón: "Espera hasta que entres a la universidad, te volverás loca como todos los hijos de pastores". Aunque en ese momento me reí, para no sentirme fuera del grupo, sus palabras se quedaron conmigo. Conocía los estereotipos, las expectativas que la gente tenía de los hijos de pastores. ¿Sería ese mi destino? Pero también sabía que mi fe no era algo que practicaba por obligación. Era algo que había elegido, algo que se había convertido en parte de mi identidad. No era una decisión que mis padres tomaron por mí, sino un encuentro real y personal con Dios.

PASIÓN POR SERVIR

En la escuela secundaria, mi amor por Dios creció aún más al darme cuenta de que mi vida formaba parte de algo más grande que yo. Me involucré en viajes misioneros, ayudé a diferentes equipos misioneros de Estados Unidos y asistí a campamentos de jóvenes y eventos evangelísticos. Cada experiencia reforzaba mi deseo de servir a Dios. Sentía un fuego dentro de mí por compartir lo que estaba experimentando con Dios.

Uno de mis primeros sueños fue convertirme en doctora, pensando que podría combinar mi amor por Dios y por las personas con mi deseo de servir brindando atención médica a quienes lo necesitaban. Pero cuando entré a la universidad, rápidamente me di cuenta de que la medicina no era mi camino. Las exigencias de química, física y cálculo me abrumaron y, por primera vez en mi vida, me sentí caminando sin una dirección clara, desconectada de mi propósito y desmotivada. Luché por encontrar mi lugar, por reconciliar mis sueños con la realidad.

Durante esa temporada, descubrí las enseñanzas de Joyce Meyer y su libro El Campo de Batalla de la Mente. Su historia de cómo superó desafíos y encontró su propósito en Cristo resonó profundamente en mí, especialmente en ese momento. Fue un punto crucial, un momento en el que comencé a ver que tal vez Dios tenía un plan diferente para mi vida. Inspirada por su ministerio, decidí seguir un camino diferente—un camino que me llevaría a servir a Dios, no a través de la medicina, sino a través del ministerio.

UN NUEVO PROPÓSITO

Finalmente, me inscribí en un instituto donde pude estudiar teología, liderazgo y ministerio de adoración. Mi propósito era profundizar en mi fe y explorar mi llamado. Aunque la música no era mi fuerte, me uní con el deseo de aprender, crecer más en la fe y en Su Palabra. Mi tiempo allí fue transformador, abrió mis ojos a la profundidad de la Palabra de Dios y la belleza de servirle por completo. Eso me permitió conectar con otras personas que sentían lo mismo.

Fue en este tiempo que comencé a soñar con construir una vida completamente dedicada a Cristo: una vida de servicio, usando mis dones para extender el amor y la gracia de Dios a los demás. Sabía que mi llamado no era solo asistir a la iglesia, sino ser la iglesia, vivir mi fe de una manera que impactará a otros y los acercara a Dios.

FUNDAMENTO

CONOCIENDO AL PRÍNCIPE AZUL

Una de las mayores bendiciones de mi vida llegó cuando conocí a mi esposo, Onis. Desde el momento en que comenzamos a hablar, supe que había algo especial entre nosotros. Nuestra conexión creció rápidamente y, en un año, me propuso matrimonio, iniciando un viaje que cambiaría mi vida para siempre.

El matrimonio fue el cumplimiento de un sueño, el comienzo de la vida que siempre había imaginado: dos personas, unidas en la fe, construyendo un futuro juntos con Dios en el centro. Éramos jóvenes, apasionados y llenos de esperanza, listos para enfrentar el mundo juntos. Pero, como pronto aprendería, el matrimonio también sería un viaje de gracia, un camino que me llevaría por valles inesperados, enseñándome sobre el amor y la misericordia de Dios de maneras que nunca imaginé.

REFLEXIONANDO SOBRE LA GRACIA Y MI CRIANZA

Al mirar hacia atrás, comprendo que la base que se estableció en mi infancia—el amor de mis padres, las enseñanzas de la iglesia y la guía de la Palabra de Dios—me prepararon para el camino que tenía por delante. Esos primeros años me enseñaron que la gracia es más que una simple palabra; es una fuerza que nos sostiene, nos moldea y nos guía, incluso en nuestros momentos más oscuros. No tardaría en descubrir, dentro del matrimonio, el poder de esa gracia.

La gracia es más que una simple palabra; es una fuerza que nos sostiene, nos moldea y nos guía, incluso en nuestros momentos más oscuros.

CAPÍTULO 2

De cuento de hadas a la vida real

INTRODUCCIÓN: UN ENCUENTRO DE PELÍCULA

A veces, los momentos más transformadores de la vida vienen disfrazados de simples decisiones. Para mí, ese momento fue ausentarme a un turno en mi trabajo como cajera en un supermercado para asistir a un festival cristiano en la playa de Boquerón en Cabo Rojo, Puerto Rico. Había pedido el día libre con mucha ilusión de ver a artistas cristianos y pasar el día con mis amigos en la playa, pero mi jefe se negó. Así que decidí tomarme el día libre de todos modos, un pequeño acto de rebeldía por una causa mayor. No tenía idea de que esa decisión me llevaría a conocer al hombre que más tarde se convertiría en mi esposo.

El festival estaba lleno de alegría, juegos, amigos, risas, sol, playa y música que parecían capturar la belleza y el entusiasmo del día. Allí estaban cantando Alex Campos, Samuel Hernández, Funky, Daniel Calveti, entre otros (los "Rockstars" cristianos de ese tiempo). La arena bajo mis pies, el sonido de las olas y la vista de una multitud feliz creaban un sentido de comunidad y pertenencia. Fue en ese momento de espontaneidad juvenil y tiempo divino cuando conocí a Onis, un encuentro que sentí que Dios mismo había orquestado. También lo llamó divino porque fue el 7 de julio de 2007 (7/7/7). El número 7 para los cristianos tiene un significado especial y aparece en la Biblia más de 700 veces. El siete es símbolo de cumplimiento divino, es un recordatorio de que todo está bajo su control y que su plan se cumplirá en su tiempo perfecto.

Este capítulo trata sobre ese viaje, la construcción de un amor arraigado en la fe que sería puesto a prueba de formas que nunca imaginé.

EL COMIENZO DE ALGO ESPECIAL

Llegué al festival con mis amigos, emocionada y llena de expectativas. Nos despertamos literalmente a las 3:00 a.m. para llegar a tiempo, porque sabíamos que se llenaría rápido. El ambiente estaba cargado de energía. Para mí, no era solo un escape de la rutina, sino una oportunidad de conectar con Dios y con otras personas como yo, en un espacio libre de juicios de quienes no entendían mi fe y pasión tan radical a una edad tan joven.

Después de un tiempo disfrutando de la música y los juegos, subió al escenario una banda que nunca había escuchado antes: "Revoluzión Estéreo". Su música era pegajosa. En ese año, 2007, el rock, punk y música alternativa estaban de moda, y esta banda no sonaba como la música cristiana típica de la época; sonaban más como las bandas populares que veías en "MTV" que todos amaban en ese tiempo. Me encontré cautivada por su música, atraída por la vibra y la energía que transmitían al público.

Mientras estaba en la multitud, pensé: «Sería increíble casarme con un hombre como uno de esos chicos que están tocando música, un hombre que ame a Dios, pero que no sea raro como otros cristianos que había conocido antes, súper religiosos y un poco "nerds"». (Sorry, así pensaba yo en la adolescencia). Solo quería un chico normal que amara a Dios. No sabía que Dios estaba escuchando los deseos de mi corazón, incluso aquellos que ni siquiera había verbalizado.

Cuando terminó el concierto, mis amigos y yo caminamos por el festival, disfrutando del ambiente, y fue entonces cuando noté que uno de los miembros de la banda estaba vendiendo CD, pósters y "merch" en una mesa. Sin saberlo, era Onis quien estaba a cargo de la venta de la mercancía.

Al acercarme a la mesa, sentí una mezcla de nervios y emoción. Compré un CD, intercambié unas pocas palabras con él y eso fue todo. La interacción fue breve, casi insignificante en ese momento, pero no podía quitarme la emoción de ese encuentro. No pensé mucho en ello después, creyendo que solo sería un buen recuerdo. Pero Dios tenía otros planes, y pronto nuestros caminos se cruzarían nuevamente.

EL FRIEND REQUEST

Unas semanas después, mi prima, con su instinto detectivesco, logró encontrar a Onis y a los demás miembros de la banda en MSN Messenger, la plataforma de chat virtual más popular del momento. Estaba emocionada, me decía lo genial que parecía y sugirió que deberíamos hablar. Sentí una mezcla de emoción y nervios. Después de todo, él era el músico del festival, el chico que me había impresionado sin siquiera intentarlo y lo más curioso era que ni imaginaba lo que yo pensaba de él.

Traté de hacerme la difícil y no lo agregué, pero para mi sorpresa, ella le habló de mí y él fue quien me agregó primero y comenzó la conversación. En ese tiempo, Onis vivía en Orlando, Florida, y yo en Puerto Rico, así que no había posibilidad de una cita en persona.

Cuando finalmente empezamos a hablar, nuestras conversaciones fluían con naturalidad. Lo que comenzó como una charla casual pronto se convirtió en horas de conversaciones profundas. Hablábamos de nuestras vidas, nuestros sueños, nuestra fe compartida y nuestra visión del futuro. Cuanto más hablábamos, más me daba cuenta de todo lo que teníamos en común. Y más me gustaba. No solo era un músico, sino un hombre con un corazón para Dios, alguien que compartía mi pasión por Jesús.

Pronto, comenzamos a hablar todos los días. Y me encontraba esperando con ansias nuestras conversaciones, sentía esa sensación de mariposas en el estómago como nunca antes. Era como si Dios estuviera construyendo algo entre nosotros, ladrillo por ladrillo, con cada palabra que compartíamos en línea o por teléfono.

EL INICIO DE UN AMOR A DISTANCIA

Nuestra relación floreció rápidamente. En diciembre de 2007, Onis viajó a Puerto Rico para grabar música y, durante ese viaje, no perdió el tiempo y me pidió que fuera su novia. Fue extraño porque ya lo conocía bien por nuestras largas conversaciones diarias, pero era la primera vez que nos veíamos en persona desde aquel festival en la playa. Sentí como si lo conociera de toda la vida.

Pero había un desafío: vivíamos lejos el uno del otro. Mientras yo estaba en Puerto Rico, él vivía en Orlando, Florida. A pesar de la distancia, estábamos decididos a hacer que funcionara. Pasábamos horas al teléfono, compartiendo nuestros días y soñando juntos con el futuro.

LA PROPUESTA

El 25 de diciembre de 2008, Onis me propuso matrimonio. Después de un año y medio juntos, hizo la gran pregunta. Fue todo lo que había soñado: simple, sincero pero super significativo. Me dio una caja envuelta y dentro de esa, varias cajas más pequeñas. ¡Él sabía cuánto amaba la Navidad! Cada caja aumentaba la anticipación, y cuando llegué a la más pequeña, supe lo que venía. Era el anillo tan soñado, acompañado de una nota escrita a mano que decía: "Will you marry me?" (¿Quieres casarte conmigo?)

Obviamente dije que sí inmediatamente. Habíamos pasado el último año construyendo nuestra relación y esta propuesta se sentía como el siguiente paso natural. El 9 de enero de 2010, nos casamos en Aguadilla, Puerto Rico, cerca de la playa, como siempre soñé. Fue el inicio de nuestro "para siempre", con la certeza de que Dios estaba con nosotros. Nos sentíamos invencibles.

LOS PRIMEROS AÑOS: CONSTRUYENDO UNA VIDA JUNTOS

Los primeros años de nuestro matrimonio fueron un torbellino de amor y emoción. Vivíamos en un pequeño apartamento de una habitación, pero para nosotros era como un castillo. Lo decoramos a nuestro estilo y compartimos el único auto que teníamos, un Toyota Corolla de 1997. Con ese pequeño apartamento y un solo auto para ambos, nos sentíamos ricos, porque era el inicio de nuestra independencia como pareja, nuestro punto de partida para realizar lo que anhelábamos. Pasábamos las noches hablando de nuestros sueños, nuestras metas y la vida que queríamos crear juntos. En ese tiempo no era muy buena en la cocina, pero preparaba los mejores *mac and cheese con Cheez Whiz* y *hot dogs*, como si fuera la receta gourmet de una Master chef. Durante esos primeros meses, rentabamos un par de películas y pasábamos los fines de semana viéndolas y comiendo mac and cheese con hot dogs.

En los primeros años de nuestro matrimonio, éramos inseparables. Éramos compañeros en todos los sentidos de la palabra. Onis continuó su trabajo como músico y productor, viajando a menudo por su trabajo, mientras yo me centraba en mi carrera como maestra. Aunque ambos estábamos ocupados, siempre hacíamos tiempo el uno para el otro, priorizando nuestra relación y a Dios.

Era como la vida perfecta y utópica. Estaba casada con el chico del que era fan. Él es todo lo que había deseado y orado. Es este hombre encantador, que ama a Dios y es un músico increíble. Era perfecto. Orábamos juntos, íbamos a la iglesia juntos, y tratábamos de buscar la guía de Dios en cada decisión. Nuestro matrimonio estaba construido sobre una base de valores compartidos, respeto mutuo y un profundo amor por Dios. Estaba orgullosa de la vida que estábamos construyendo; era sencilla, pero para nosotros lo era todo. Me sentía dichosa de tener un esposo que compartía mi amor, pasión y compromiso con Dios.

Pero los años fueron erosionando nuestra ilusión. La realidad se hizo presente, las exigencias del matrimonio se intensificaron y la vida casi perfecta que tuvimos se fue desvaneciendo lentamente. El trabajo, las dificultades económicas, los compromisos, la familia, los amigos, nuestras aspiraciones... todo fue contribuyendo a crear una distancia entre nosotros. Ahora cualquier cosita nos irritaba y empezábamos a discutir.

En ese momento, como la carrera de Onis como músico requería que estuviera fuera de casa, yo me sumergí en mi propia vida. Poco a poco, su ausencia dejó de ser un problema, y comencé a sentirme cómoda estando sola. No tenía que limpiar tanto la casa, ni cocinar tanto, podía salir con mis amigas y no había nadie esperándome en casa ni diciéndome que era demasiado tarde para estar afuera. Era una sensación extraña porque, por primera vez en mi vida, no tenía que rendir cuentas a nadie. Era una mujer casada, por lo que no necesitaba el permiso de mis padres y, al mismo tiempo, sentía que vivía como una mujer soltera porque Onis no estaba en casa.

LAS PRIMERAS GRIETAS

Con el tiempo, me volví más independiente cumpliendo mis propios sueños y ambiciones. Comencé a apoyarme más en mí misma y menos en Onis. Llenaba mis días con trabajo, actividades de la iglesia, con mis propias metas y amistades. Sin darme cuenta, me fui distanciando de la relación que habíamos construido juntos.

Onis y yo seguíamos amándonos, pero la cercanía que una vez compartimos comenzaba a desvanecerse. Ya no pasábamos tanto tiempo juntos, y tampoco teníamos nuestro tiempo con Dios juntos. Nuestras conversaciones se convirtieron más en logística: pagar las cuentas, coordinar tareas del hogar y de mantenimiento, realizar las compras, que cultivar intencionalmente nuestra relación. Trataba de convencerme a mí misma de que esto era solo una etapa, que todo matrimonio pasa por altibajos, y que eventualmente encontraríamos el camino de regreso el uno al otro.

Pero la verdad era que comenzaba a sentirme desconectada, no solo de Onis, sino de mí misma y sobre todo de Dios. El amor que compartíamos seguía ahí, pero estaba oculto bajo capas de expectativas falsas o poco realistas no cumplidas, frustraciones no expresadas y dolor no tratado. Seguíamos juntos, pero ya no estábamos conectados.

Ahora veo cómo poner expectativas poco realistas en Onis estaba perjudicando nuestro matrimonio y mi vida. Esas películas de Hallmark y las comedias románticas no reflejan la vida real. Me encontraba esperando que Onis llenará un vacío que sólo Dios podía llenar. Esos cuentos de "felices para siempre" concluyen con un hermoso baile de la pareja de enamorados, pero en realidad ese es sólo el comienzo de la historia.

Cuando somos jóvenes, idealizamos la llegada de la persona perfecta, el matrimonio y la desaparición de los problemas, una historia de felices para siempre, pero ¡qué lejos de la realidad estamos! Había hecho de Onis el centro de mi mundo, mi salvador emocional y el predicador de mi identidad. Necesitaba sus cumplidos y palabras de afirmación, dependiendo de él para mi felicidad y autoestima.

A medida que nos centrábamos en nuestras carreras y vidas individuales, nos estábamos perdiendo y alejándonos, sintiendo un vacío y una incertidumbre mutua, permitiendo que la apatía creciera entre nosotros. Con cada día que pasaba dejamos que la apatía se intensificara. La alegría abandonó nuestro hogar. Habíamos dejado de hacernos preguntas, de soñar juntos, nos volvimos demasiado ocupados e irritados para pasar tiempo juntos, demasiado arrogantes para pedir perdón, demasiado orgullosos para ver el dolor del otro y demasiado ambiciosos para escuchar sus necesidades. Ya no había noches de películas con *mac and cheese* y *hot dogs*. Nos ignorábamos, y el silencio era el sonido más fuerte que se escuchaba en nuestro hogar.

CAPÍTULO 3

Doblada, pero no rota

INTRODUCCIÓN

Hay una diferencia entre algo que está doblado y algo que está roto. Cuando algo se dobla, cambia de forma, pero no está completamente destruido. Aún es usable, reparable y puede ser restaurado. En mi vida, me convencí de que, aunque me estaba doblando bajo el peso de la tentación, aún no estaba rota. Mantenía la creencia de que podía manejar las cosas por mí misma, que aún tenía el control. Pero ese doblaje, esa actuación constante, eventualmente me llevó al borde mismo de la ruptura. En este punto de mi vida, había cometido errores—errores que, en mi mente, eran excusables o perdonables, pequeños compromisos aquí y allá, que no se veían como grandes errores y pensaba yo que realmente no destruirían nada. Pero me estaba alejando de mi matrimonio y mi fe, pensaba que mientras no hubiera nada "roto", aún podría vivir con las pequeñas consecuencias. Este capítulo trata de esa época de sutil negación, el período cuando elegimos vivir en una media verdad, pensando que podemos mantenernos intactos mientras nos alejamos más y más de lo que sabemos que es correcto.

PEQUEÑOS COMPROMISOS

Todo comenzó convenciéndome a mí misma. Me decía que ciertos comportamientos no eran realmente dañinos. Es solo una pequeña conversación, o eso pensaba. No es tan grave. No estoy haciendo nada malo. Esta era la historia que me contaba una y otra vez, convenciéndome a mí misma de que los pequeños compromisos que estaba haciendo eran inofensivos. No estaba preparada para verlos como la pendiente resbaladiza que realmente eran. Trataba de convencerme de que estaba bien.

Poco a poco, me fui alejando más y más de la realidad que solía ser mi base. Un día recibí un mensaje en Facebook de un conocido. Me preguntaba casualmente cómo estaba después de muchos años sin vernos. Traté de convencerme de que era solo un mensaje amistoso, pero muy dentro de mí sabía que nada bueno saldría de este simple mensaje. Sabía que estaba coqueteando conmigo. Podía leerlo entre las líneas de esas cortas oraciones. Al principio dudé en responder, pero como ya me estaba torciendo, me convencí de que estaba bien. Que no significaba nada. Siempre con la excusa de que era una inocente conversación. Me aseguraba a mí misma que mientras no cruzara límites graves, aún estaba en control. Pero en lo más profundo de mí, sabía que estaba abriendo puertas que no debía abrir, jugando con un fuego que podría volverse incontrolable. A pesar de todo lo horrible que podía imaginar, se sentía bien. Me hacía sentir joven, libre y aventurera.

Esos pequeños compromisos con el tiempo comenzaron a acumularse. Cada pequeño doblez en mi integridad, cada pequeño desvío de mis valores, estaban remoldeando sutilmente quién era y cómo me veía a mí misma, mi identidad y mi matrimonio. Empecé a vivir con una culpa silenciosa, una que ocasionalmente salía a la superficie, pero era lo suficientemente pequeña y fácil de empujar de nuevo hacia abajo. No me daba cuenta de cuánto me estaba erosionando esa culpa desde adentro, de cómo lentamente me estaba adormeciendo frente a la verdad de lo que estaba haciendo.

"Cada pequeño doblez en mi integridad, cada pequeño desvío de mis valores, estaban remoldeando sutilmente quién era y cómo me veía a mí misma, mi identidad y mi matrimonio."

EL SILENCIO DE LA INDIFERENCIA

A medida que seguía por este camino de coqueteo casual, me volví indiferente. La indiferencia es uno de los estados emocionales más peligrosos porque te adormece ante la realidad y el dolor que estás atravesando, pero también te adormece ante el dolor de los demás, especialmente de las personas cercanas a ti y las que más amas. La indiferencia me permitió evitar enfrentar las verdaderas consecuencias de mis acciones, pretender que todo estaba bien, incluso mientras mi matrimonio y mi fe se deterioraban. Ya no estaba enojada con Onis; ya no estaba enojada con Dios, no me sentía herida ni decepcionada. Simplemente no me importaba. Esta indiferencia se convirtió en un escudo que me protegía del dolor y de reconocer el daño que estaba causando a Onis y a mí misma.

La indiferencia hizo más fácil vivir una vida doble. Iba a la iglesia, servía en los ministerios y enseñaba en mi trabajo, todo mientras me sentía desconectada de todo. Estaba físicamente presente, pero mi corazón y mi mente estaban en otro lugar. Cuando Onis estaba en casa, apenas me involucraba en alguna conversación. Éramos como compañeros de cuarto, compartiendo un espacio, pero no la vida. Cuando él viajaba por trabajo, sentía alivio en lugar de añoranza. Veía su ausencia como una oportunidad de libertad y no como un vacío.

En mi mente, justificaba esta distancia diciéndome que todos los matrimonios tienen altibajos. Pero era demasiado orgullosa para admitir que yo misma estaba cavando la brecha entre nosotros. Lo estaba apartando, convenciéndome de que era más seguro vivir en este estado adormecido de indiferencia que sentir el dolor de nuestra creciente distancia.

La indiferencia es uno de los estados emocionales más peligrosos porque te adormece ante la realidad y el dolor que estás atravesando, pero también te adormece ante el dolor de los demás, especialmente de las personas cercanas a ti y las que más amas.

DISTRACCIONES

Durante este tiempo, encontré formas de mantenerme distraída. Me entregué a mi trabajo como maestra, pasando horas extras en la escuela y ofreciendo mi tiempo como voluntaria en varias actividades de la iglesia. Me convencí de que estaba haciendo un buen trabajo, que estaba siendo productiva al estar ocupada. Pero en realidad, me estaba escondiendo. No quería enfrentar el hecho de que mi vida se estaba desmoronando lentamente. Que me estaba volviendo cada vez más débil. Me enterré en la distracción, pensando que si seguía moviéndome, seguiría sobreviviendo. Pero si no sabes a dónde te diriges, terminarás perdido.

En casa, mantenía las apariencias, asegurándome de que nadie viera las grietas en mi fachada cuidadosamente construida. Reía con mis amigos, servía en la iglesia e iba a todas mis responsabilidades, pero por dentro me estaba derrumbando. No había podido resolver el peso de la culpabilidad que sentía. Pues estaba viviendo una doble vida.

Cuando era adolescente, solíamos presentar una obra teatral corta (o "skit") llamada "Lighthouse" (Faro). Trata sobre una joven que se encuentra en un camino de lucha interna y espiritual. Una serie de personajes, que representan la tentación, el pecado y las cargas, interactúan con ella. Cada uno la aleja de la luz y la verdad. Con cada encuentro ella queda atada, hasta que finalmente se encuentra completamente encadenada y desesperada como resultado del coqueteo con el pecado.

En la obra, yo solía personificar a esa joven creada a la imagen de Dios. Y años después, me encontraba viviendo en carne propia esa misma realidad. Me sentía como si estuviera atrapada en un abismo sin fondo, encadenada por el pecado y la culpa. Sin embargo, la triste realidad era que esta vez no era una obra teatral corta, sino la vida real.

Pero mientras nadie supiera, nadie se lastimaría. Era más fácil vivir de esta manera, distrayéndome de la realidad de mis elecciones. Me decía a mí misma que seguía siendo una buena persona, que mi corazón seguía siendo fiel, aunque mis acciones estuvieran muy lejos de eso. Pensaba que podía orquestar mi vida, mantener mi fe y mi matrimonio separados de las decisiones que estaba tomando. Pero la verdad era que me estaba perdiendo lentamente en el proceso.

CUANDO EL CIELO SE SIENTE LEJOS

A medida que me alejaba de Onis, me alejaba de Dios. ¿Cómo podemos sentirnos conectados con Dios si nos desconectamos de lo que Él nos ha dado? Mi matrimonio era un regalo de Dios. Alejarme de Onis era alejarme de Dios y de mi fe. Esa fe, que una vez fue tan fuerte, se convirtió en una práctica vacía sin pasión ni convicción real. Aún iba a la iglesia, aún oraba, pero mi corazón no estaba en ello. Aparentaba estar cumpliendo con las expectativas de un "buen cristiano", pero sabía que mi vida estaba llena de contradicciones y mis emociones no estaban en lo que hacía para Dios.

Mi relación con Dios comenzó a convertirse en un recuerdo lejano, en parte de un pasado al que ya no me sentía conectada. Había puesto mi fe en el piloto automático, esperando que me guiara sin ningún esfuerzo de mi parte. Me engañaba a mí misma diciendo que estaba bien, que mi fe seguía siendo fuerte, pero en lo más profundo de mi ser, sabía que me estaba mintiendo. Me había vuelto insensible a la voz de Dios, incapaz de sentir Su presencia.

Una noche, mientras me encontraba sola, sentí un vacío profundo que no podía sacudirme. Intenté orar, pero las palabras se sentían huecas. Era como si mis oraciones rebotaran en el techo, incapaces de llegar a Dios. En ese momento, me

¿Cómo podemos sentirnos conectados con Dios si nos desconectamos de lo que Él nos ha dado?

di cuenta de cuánto me había alejado de mi camino y de lo perdida que estaba. Pero en lugar de buscar la luz, preferí hundirme en la oscuridad.

LA ILUSIÓN DE TENER EL CONTROL

Durante este tiempo, me aferré a la creencia de que aún estaba en control. Me convencí de que podría detenerme en cualquier momento, que no estaba haciendo nada realmente malo. La verdad era que estaba adicta, no solo a la atención y validación de los demás, sino también a la emoción de vivir una doble vida. Anhelaba esa sensación de libertad, esa ilusión de que podía vivir a mi manera sin enfrentar las consecuencias.

Me apoyaba en mi propio entendimiento, creando una realidad donde mis elecciones estaban justificadas, donde yo era la que tenía el control. Era como crear mi propia realidad virtual de lo que pensaba que estaba bien, en lugar de la verdad de Dios. Proverbios 3:5-6 RV1960 dice: "Confía en el Señor de todo tu corazón, y no te apoyes en tu propia prudencia; reconócelo en todos tus caminos, y él enderezará tus sendas". Estaba haciendo todo lo contrario. Me estaba apoyando completamente en mi propio entendimiento, confiando en mi propio juicio en lugar de buscar la guía de Dios.

Pensaba que podría arreglar mi vida a mi manera, que podría manejar mis errores sin la ayuda de Dios. Cuanto más intentaba controlar las cosas, más fuera de control se volvían. Mi vida se estaba convirtiendo en un laberinto sin salida y mi orgullo me impedía admitirlo. La verdad era que estaba llegando al punto de quiebre. El peso de mi pecado, la culpa y la vergüenza caían sobre mí, doblándome más de lo que jamás había experimentado.

CAPÍTULO 4

La ruptura

JUSTIFICÁNDOME – "YOU DO YOU, BOO"

Durante esta temporada, intenté llenar el vacío con autoayuda y autocuidado, aunque en realidad era más egocentrismo que otra cosa. Me sumergí en mi trabajo, en mis responsabilidades en la iglesia y en una rigurosa rutina de autocuidado. Adopté la mentalidad de: "You do you, boo", es decir, "haz lo que te haga feliz, cariño". Diciéndome a mí misma que era mi momento de explorar y descubrir quién realmente era. Me había casado joven y me convencí de que esta era mi oportunidad para finalmente ser "yo". La versión más auténtica de mí misma que podía ser, o al menos eso creía.

APARENTE SANIDAD

Mientras me lanzaba de lleno a "sanar" a través del autocuidado y el desarrollo personal, en realidad estaba enmascarando mi tormento interno. Me enfoqué en mi apariencia exterior: iba al gimnasio, me alimentaba bien y me aseguraba de verme bien. Sentía que tenía el control, pero por dentro, me estaba desmoronando. La autosuficiencia y la independencia obstinada que me impulsaban en esta aparente "sanidad" no me estaban llevando a la restauración, sino a una separación aún mayor de Dios, de mi esposo y de mi verdadero yo.

Mis intentos mal dirigidos de sanar solo me estaban hundiendo más en el aislamiento. Pensaba que podía manejar mi culpa, mi dolor, mi pecado y mi vergüenza por mi cuenta, sin buscar la guía o la ayuda de Dios. Era como alguien que se niega a tratar una enfermedad, convencida de que sanará por sí sola.

DOBLE VIDA, DOBLE FE

En ese momento, estaba involucrada en la iglesia y rodeada de amigos cristianos, pero me resistía a acercarme más profundamente a Dios. Evitaba las verdades difíciles que me obligarían a confrontar mi pecado. Me había vuelto tan insensible a la presencia de Dios que ni siquiera me daba cuenta de cuán lejos estaba de Él.

Seguía las rutinas, hacía lo que parecía correcto sin permitir que Dios realmente moldeara mi corazón. Mi fe se estaba volviendo tan vacía como mi matrimonio. Pensaba que mientras me mantuviera activa en la iglesia, Dios pasaría por alto mi indiferencia. Pero en el fondo, sabía que me estaba frenando de tener una relación real con mi Creador, el único que realmente podía entender quién era y para qué fui creada.

Los peligros de las redes sociales van más allá del simple "scrolling" sin sentido: abren puertas para buscar, crear y conectar de manera privada y aparentemente segura.

EL DULCE VENENO DE LAS REDES SOCIALES

En este punto bajo, volví a caer en viejos hábitos. Las redes sociales se convirtieron en una vía de escape, un lugar donde podía sentirme validada y encontrar emoción en la atención superficial que recibía de otros. Comencé a hablar con alguien, un hombre que representaba una distracción, un escape a mi dolor. Al principio, eran solo conversaciones casuales, pero con el tiempo se volvieron más coquetas y más intensas.

Los peligros de las redes sociales van más allá del simple "scrolling" sin sentido; abren puertas para buscar, crear y conectar de manera privada y aparentemente segura. Las redes sociales me permitieron alimentar una fantasía sin sentir la culpa de una conexión física. Me convencí de que era algo inocente, porque mientras no fuera físico, no era real.

FUERA DE CONTROL

A medida que continuaban estas interacciones, me encontré peligrosamente cerca de cruzar líneas que una vez juré nunca traspasar. Seguía justificándome, pensando: "Es solo una conversación". Pero estaba jugando con la tentación, ignorando el peligro creciente. Cuanto más hablaba, más quería. Y esa emoción comenzó a necesitar más y más. Ahora escribir no era suficiente. Cuanto más alimentaba estas interacciones, más me alejaba de la realidad. Me aferraba a la ilusión de que era libre para explorar otras opciones sin enfrentar consecuencias. Aunque en el fondo, estaba huyendo del dolor y la culpa dentro de mí, esperando encontrar consuelo en distracciones temporales.

CUANDO DIOS HABLA

Una noche, Onis me despertó, visiblemente afectado. Había estado orando durante la madrugada y dijo que sentía que el Espíritu Santo lo estaba confrontando profundamente. Sus palabras estaban llenas de arrepentimiento y desesperación por que volviéramos a encaminarnos. En sus ojos podía ver la verdad de lo que decía. En su voz podía escuchar la veracidad de la revelación y la convicción de sus palabras. Sus manos temblaban, mientras apretaba las mías y me pedía perdón por todo los errores que había cometido en los últimos meses. Sin embargo, yo estaba tan perdida en mi propia indiferencia que sus palabras apenas me conmovieron. Lo ignoré, diciéndole que podíamos hablar en la mañana, negándome a enfrentar la convicción que él sentía y escuchar lo que Dios le había revelado.

Cuando miro atrás, veo que mi indiferencia no era solo hacia Onis, sino también hacia Dios. Estaba ignorando Su llamado, Sus advertencias y Su deseo de restaurarme. Estaba huyendo del Único que realmente podía sanarme y endurecí mi corazón, permitiendo que el enemigo siguiera teniendo control sobre mi vida.

INTERVENCIONES DIVINAS

Esa madrugada mientras Onis oraba y tenía esa convicción del Espíritu Santo, un amigo que tenemos que vive en New York lo llamó cerca de las 2:00 a. m. Le dijo que sentía que Dios lo impulsaba a orar por él. El momento era sorprendente, porque en ese mismo momento Dios estaba tocando el corazón de Onis. Nuestro amigo le dijo que sentía muy fuerte en su corazón que Dios quería que Onis y yo nos fuéramos a New York un tiempo. Y hasta le ofreció a Onis un lugar donde quedarse en Nueva York, invitándolo a trabajar con el equipo de adoración de su iglesia porque realmente sentía que Dios estaba hablando. A la mañana siguiente, Onis me compartió esto, convencido de que era la forma en que Dios nos estaba dando una oportunidad para sanar y comenzar de nuevo. Yo me resistí. Tenía mi vida aquí, mis amigos, mi trabajo, mis comodidades. Mudarnos a Nueva York se sentía como un castigo, no como una oportunidad. Aunque acepté unirme a él en unos meses, en realidad no tenía intención de ir. Seguía aferrada a mis propios planes, reacia a rendirme completamente a la voluntad de Dios.

UNA FALSA DESPEDIDA

Unas semanas después, Onis se fue a Nueva York y yo fingí estar preparándome para seguirlo. Le permití empacar cajas, observando con indiferencia mientras se iba con un destello de esperanza en sus ojos. Antes de salir me abrazó y me dijo: "Nos vemos en Nueva York". Sentí una abrumadora sensación de libertad. En lugar de sentir tristeza o pérdida, sentí emoción. Finalmente, estaba "libre" para hacer lo que quisiera, sin estar atada a ningún compromiso.

Esta nueva etapa se sentía emocionante, pero era un falso sentido de libertad. No era libre; estaba esclavizada por mis propios deseos, alejándome cada vez más de la sanidad que desesperadamente necesitaba. Ocultando mi dolor en distracciones. Estaba comenzando un camino que solo me llevaría a más vacío, convencida de que finalmente tenía el control, sin darme cuenta del camino al que me dirigía.

CAPÍTULO 5:

El hoyo

LA NOCHE MÁS OSCURA DE MI VIDA

Mis manos temblaban mientras aferraba el volante de mi auto con fuerza. Mis piernas brincaban involuntariamente, negándose a obedecer la función que emitían mis pensamientos. Conducía por calles desconocidas, perdida, dando vueltas en el mismo lugar, sin saber dónde estaba.

Todo se veía igual. Todo se sentía irreal. Me daba cachetadas en el rostro, tratando desesperadamente de despertar de lo que creía que era una pesadilla. No obstante, por más que intentaba sacudirme de esa sensación, tenía que enfrentar la verdad. Esto no era un sueño. Esta era mi realidad.

El tiempo había dejado de tener sentido. Los minutos se alargaban, y lo que debía ser un viaje de 20 minutos se convirtió en un camino interminable. Un camino que conducía a un solo pensamiento— No voy a llegar a casa. Un miedo profundo y paralizante se apoderó de mí. Voy a morir, comencé a pensar. Tal vez en un accidente, tal vez porque mi cuerpo finalmente se rendiría.

El peso de lo que había hecho me asfixiaba. Mi corazón latía con tanta fuerza que retumbaba en mis oídos, más fuerte que la música en mi auto, más alto que mis propios pensamientos. El silencio más fuerte que había escuchado en mi vida contrastaba con la orquesta de mi vergüenza, culpa, miedo, tristeza y desesperación.

Estaba conduciendo bajo los efectos de algo desconocido. No solo era alcohol. No solo era marihuana. Era una mezcla de drogas que había tomado sin saberlo. Era algo que ahora estaba tomando el control de mi cuerpo y que nublaba mi razón.

Toda esa pesadilla tenía una consecuencia directa: acababa de salir del apartamento de un desconocido—un hombre cuyo nombre apenas recordaba, un hombre que había encontrado en redes sociales, un hombre al que le había entregado una parte de mí en un intento desesperado por llenar un vacío del que no sabía cómo escapar. Esa no era yo... Me había convertido en una mujer que no reconocía.

THE WALK OF SHAME

Había oído hablar de "la caminata de la vergüenza" (the walk of shame). Se suponía que era algo cómico, algo de lo que la gente se burlaba, una forma casual de describir a alguien saliendo de la casa de otro al amanecer, con la misma ropa de la noche anterior. Pero no hubo nada gracioso en lo que viví esa noche. Sentía como si me hubieran arrancado el alma. Como si la chica que entró en ese apartamento ya no existiera. Seguía en mi cuerpo, todavía llevaba la misma ropa, todavía me movía como yo; pero no era yo.

De niña, solía crear historias donde yo era la protagonista— la heroína. Soñaba con ser una princesa rescatada por un príncipe o una guerrera valiente luchando por la justicia, alguien importante en la sociedad. Pero lo que estaba viviendo no era un cuento de hadas. Era una historia de terror y yo era su protagonista.

CUANDO TOQUE FONDO

Esa noche fue mi punto de quebranto. Había llegado al hoyo, el lugar más bajo que podía imaginar. Había aceptado la invitación al apartamento de un hombre—un completo desconocido. Lo único que sabía de él era lo que mostraba en sus redes sociales.

Me dije a mí misma que estaba bien. Todos hacen esto, ¿verdad? Es solo una noche. La gente usa aplicaciones como Tinder para divertirse. Me esforcé por creer que todo eso era normal.

Mientras estacionaba el auto, mi mente y mi corazón entraron en guerra. Silencié mi conciencia y salí del auto. Subí las escaleras del apartamento de ese extraño. Las voces en mi mente luchaban por mi atención mientras seguía caminando en plena noche.

Entro al apartamento y siento cuando se cierra la puerta detrás de mí. Instantáneamente sentí temor. Estaba adentro y sola con un hombre que apenas conocía.

El apartamento era un desastre—ropa por todas partes, platos sucios en la cocina, botellas de licor y cervezas por todos lados. Ese no era mi hogar. Esa no era mi vida. Aun así, me senté en el sofá.

Comenzamos a hablar. No tengo idea de qué hablamos. La conversación no significaba nada, solo un conjunto de palabras vacías diseñadas para llenar el espacio antes de lo inevitable.

Él me sirvió un trago. Yo no lo quería tomar, pero insistió, presumiendo de una botella costosa, reservada para "ocasiones especiales". Qué imbécil— pensé. Él intentaba hacerme creer que era algo especial cuando sabía que para él no significaba nada. Para convencerme de que encajaba con el momento y sentirme a la altura de la situación, lo bebí.

Lentamente se acercó a mí y comenzó a besarme. Una cosa llevó a la otra y ahí estaba yo, haciendo algo que había jurado ante Dios, ante mi familia, mis amigos, y mí esposo que jamás haría.

Luego se levantó y tomó una pequeña caja. Y comenzó a preparar algo sobre la mesa. Era un blunt. Y, obviamente, me lo ofreció. Aunque no quería fumarlo, lo acepté. Total ya estaba allí, al final qué más vergonzoso podría pasar.

En cuanto el humo invadió mis pulmones, una película de todos los errores del último año se proyectó en mi mente. Fue como si me hubieran abierto los ojos para mostrarme claramente mi cruda realidad:—las mentiras, el pecado, el engaño, la culpa, la vergüenza, el dolor, el miedo. Sentía que me rompía en mil pedazos. Mis manos comenzaron a sudar. Mi corazón latía de forma errática. Me sentía físicamente enferma, emocionalmente devastada y espiritualmente muerta.

"Tengo que irme. Tengo que huir", pensaba en mi desesperación. Busqué una excusa—cualquier excusa. Le dije que tenía una emergencia familiar y salí corriendo hacia la puerta, orando para que el aire fresco limpiara el azufre que sentía respirar.

"¿Y si no me deja ir? ¿Y si es errático y violento?", me pregunté, sintiéndome vulnerable y presa del pánico. Yo estaba en su territorio. En mi mente, empecé a imaginar los peores escenarios. Pero tan pronto llegué a la puerta, salí corriendo y la cerré detrás de mí. Me refugié en mi auto como quien encuentra un lugar seguro cuando su vida peligra.

EL VIAJE MÁS OSCURO

Mientras conducía lejos de aquel lugar, las drogas hicieron su efecto por completo y mi cuerpo me traicionó. Mis manos temblaban tan violentamente que apenas podía sujetar el volante del auto. Mis piernas se sentían entumecidas. Mi visión se nubló. Estaba perdida en todos los sentidos de la palabra. Tomaba un camino tras otro, pero siempre terminaba en el mismo lugar. Atrapada. Indefensa. Perdida. Me detuve en medio de una carretera solitaria y oscura. Y entonces, mientras el peso de todo lo que había hecho me aplastaba, con el corazón desgarrado y con lágrimas corriendo por mi rostro grité con todas mis fuerzas la oración más corta, pero más significativa de mi vida: "¡DIOS, AYÚDAME!"

No me quedaba nada. Estaba acabada. Con la vista nublada por mis lágrimas, detuve el auto a un lado de la carretera. Mi cuerpo se sacudía en un llanto incontrolable. Por primera vez en mi vida, sentí la presencia de algo que no había comprendido del todo. La oscuridad. La maldad. Ese susurro persistente que me había acechado todo este tiempo ahora se revelaba con claridad: quería verme muerta. Lo sentía en lo más profundo de mis huesos y en ese momento, casi estuve de acuerdo. Los pensamientos eran tan fuertes, tan claros, tan implacables: —No mereces vivir. Lo has arruinado todo. Nadie te perdonará jamás. El mundo estaría mejor sin ti.

Ya no me reconocía. Ni siquiera era la sombra de lo que alguna vez fui. La Diane Vázquez Castro que todos conocían, ya no existía. Era solo un recuerdo distante de lo que alguna vez fue.

No podía sacar esos pensamientos de mi mente: Eres la encarnación de la vergüenza y la causa del dolor de tus seres queridos. El mundo estaría mejor sin ti".

"Dios, ¿por qué no te llevas mi vida? Ya no quiero vivir". Esa era mi súplica constante. Lloré hasta quedarme sin fuerza y sin aliento. Pero justo ahí, en ese momento, en el hoyo más profundo, más sucio y más oscuro, donde nadie más podía alcanzarme... alguien estaba allí. Era Jesús.

No escuché una voz. No vi una visión. Ni una luz mágica que me iluminara. Pero lo podía sentir cerca de mí. No sé cómo explicarlo, pero... dentro de mi hoyo, dentro de tanta maldad que había experimentado, podía reconocer que algo bueno está cerca de mí. Cuando pude reponerme del llanto, abrí mis ojos y por fin pude reconocer el camino que me llevaría a mi hogar.

LA BATALLA DESPUÉS DEL COLAPSO

Esa noche llegué a casa. La ruta que normalmente tomaría 25 minutos se sintió como un viaje interminable hacia el infinito. Pero de alguna manera logré llegar. Solo Dios sabe cómo porque no tengo recuerdos de ese camino.

Aunque físicamente estaba a salvo en mi casa, mi interior estaba muerto. Me senté en la esquina de la cama, justo frente al espejo y me odié a mí misma. Los pensamientos suicidas rugían en mi mente. Lágrimas tan pesadas como sangre corrían por mi rostro. ¿Cómo pude llegar tan bajo? ¿Sería el mundo mejor sin mí?

Durante semanas, llevé mi culpa, mi vergüenza, mi repulsión como una segunda piel. Mi desayuno, almuerzo y cena eran las lágrimas que no dejaban de rodar por mis mejillas. Y cuando la gente me veía, me limpiaba el rostro y sonreía. Me escondía y mentía: "Estoy bien". El dolor me consumía. La vergüenza y la culpa se convirtieron en mis mejores amigas. Comieron mi cuerpo hasta que mi piel se llenó de un sarpullido—manchas rojas, profundas y dolorosas cubrieron mis brazos, mis piernas y mi vientre. Todo mi cuerpo estaba cubierto de ellas. Médico tras médico hicieron pruebas, pero ninguno pudo descubrir la causa. Hasta que finalmente, un médico me preguntó: "Diane, ¿estás bajo mucho estrés?"

Contuve la respiración y susurré: "Sí." Aunque por dentro, estaba gritando. —Por supuesto que sí—me dije—. ¡Me odio! ¡No valgo nada! ¡Me doy asco! ¡No merezco vivir! ¡No tienes idea de lo que he hecho!

El doctor me dijo que esa reacción pasaría con el tiempo y que necesitaba relajarme. Pero, ¿cómo podía hacerlo? ¿Cómo podía encontrar descanso si me estaba ahogando por dentro? Si yo, Diane Vázquez, la chica de la que todos decían que Dios hará cosas asombrosas en su vida, la cristiana devota, la hija del pastor, la gran maestra y ejemplo a seguir, la esposa fiel… ¡Era una adúltera! Una mentirosa atrapada en una doble vida. Frente a todos, yo era una súper cristiana, usando las palabras correctas para que nadie notara mis grietas.

Cuando llevas mucho tiempo en organizaciones religiosas y no te decides a hablar sobre lo que te mantiene aprisionado, te vuelves experto en fingir. Sabes qué decir y cómo decirlo para no delatarte. Te conviertes en una marioneta de tu propio show. Mientras sigas caracterizando tu personaje, todo estará "bien". Y así estaba yo, peleando la batalla por mi vida

---

Cuando llevas mucho tiempo en organizaciones religiosas y no te decides a hablar sobre lo que te mantiene aprisionado, te vuelves experto en fingir.

Pero, ¿cómo sales de un pozo cuando ni siquiera puedes ver el borde, cuando la esperanza es un recuerdo lejano y la desesperación es todo lo que puedes ver?

LA LUZ EN MEDIO DE LA OSCURIDAD

Ojalá pudiera decir que todo cambió esa noche. Sin embargo, no fue así. Sentía culpa, sí, pero no había un cambio radical en mí porque aún no había un verdadero arrepentimiento. No me había rendido. Sabía que rendirme significaba enfrentar la verdad, pero era demasiado débil y cobarde para hacerlo.

Sabía que Jesús había comenzado el proceso cuando se acercó a mí aquella noche, pero yo debía hacer mi parte y me aterraba asumir la responsabilidad de mis propios errores. Aunque me sentía llena de remordimiento, no había un verdadero arrepentimiento en mi vida.

Remordimiento no es lo mismo que arrepentimiento. Muchas veces, nos sentimos culpables por nuestros actos porque sabemos que cometimos un error, pero después de eso, nada cambia. Nada pasa. Y con el tiempo, terminamos cometiendo los mismos errores, o incluso peores.

Ahí estaba yo: llorando todos los días, pero justificando mis acciones. Sintiendo culpa porque sabía que lo que hacía estaba mal, pero al final del día, repetía los mismos errores una y otra vez.

Seguí tomando malas decisiones: infidelidad, adicciones a sustancias, pornografía, doble vida, mentira, orgullo... A pesar de la oscuridad a la que me llevaban, encontraba una extraña gratificación, una falsa comodidad. Es curioso cómo los malos hábitos y las malas decisiones pueden también ser reconfortantes. Las adicciones, a menudo, se convierten en una peligrosa anestesia para calmar el dolor y evadir las situaciones difíciles. Aunque traen placer momentáneo, son muy perjudiciales y no podemos huir de sus consecuencias.

¿Te ha pasado? ¿Has estado en ese ciclo donde tu conciencia te llama a la luz, pero al mismo tiempo, algo te arrastra hacia la oscuridad? Muchas veces regresamos a ese lugar oscuro en un intento desesperado de huir de algo. Ese fue mi caso. En esos momentos o escapes fugaces buscaba silenciar una dolorosa realidad. Y buscando olvidar, me perdí en un laberinto de autodestrucción.

En esos romances y adicciones encontraba una manera de olvidar un dolor muy real de mi infancia, cuando fui sexualmente abusada. El abuso sexual infantil es cualquier acto en el que una, persona mayor o de más poder o de autoridad utiliza a un menor para gratificación sexual. Y desafortunadamente, esa vil acción me causó un gran trauma con el que no supe lidiar. Afectó muchísimo mi identidad, mi autoestima y la forma de ver la vida. Me llevó a ser una niña que buscaba la validación y afecto en otras personas, a exponerme a la pornografía y tener una adolescencia promiscua.

Esos momentos de adrenalina me servían de escape para tratar de adormecer mi trauma porque detenían mi mente de girar sin control, de pensar en todo lo que me causaba dolor. Los recuerdos que había enterrado durante mucho tiempo, de repente, en mi adultez, comenzaron a perturbarme como jamás imaginé. Había permitido que quien me arrebató la inocencia del cuerpo, me despojara también de la pureza del alma.

Lamentablemente, las drogas, la promiscuidad, la ansiedad y la depresión son algunas de las trampas en las que pueden caer las personas abusadas, maltratadas, heridas y abandonadas. Por eso es importante buscar ayuda terapéutica profesional y espiritual lo antes posible. El trauma emocional puede hacerte sentir impotente y vulnerable, puede hacer que pierdas autocontrol, que te percibas como si estuvieras separada de ti misma. Te roba la seguridad y la autonomía. Algunas víctimas intentan recuperar ese control a través de conductas extremas porque sienten que, al menos así, tienen algún poder de decisión.

> *El trauma emocional puede hacerte sentir impotente y vulnerable, puede hacer que pierdas autocontrol.*

Por eso es tan difícil liberarse de las ataduras. No es porque nos hagan felices, ni porque hayamos encontrado el amor verdadero, ni porque estemos orgullosos de lo que hacemos, sino porque nos ayuda a olvidar... Olvidar el dolor verdadero de una herida antigua, profunda y no tratada. Ese dolor que nos consume y no nos deja vivir. Un dolor que cargamos en nuestros hombros, un dolor que nadie ve, pero que está muy presente donde quiera que vamos.

En esos romances, en el alcohol, en las mentiras, en la doble vida… encontramos una 'paz y felicidad' fugaces, un escape temporal para los pensamientos que nos atormentan. Pero no nos damos cuenta de que, por más que intentemos borrar ese mal recuerdo con distracciones y pecado, nunca encontraremos la sanidad, la verdadera paz, la restauración, la libertad y la calma que tanto necesitamos.

Cuando estos escapes nos ahogan, nos humillan, nos lastiman emocional y físicamente, nos roban la vida e hieren a quienes más amamos, es que realmente reconocemos la magnitud de nuestro error.

Por más que intentara esconderme de Él, Dios se hacía notar. Él siempre estuvo ahí, usando personas que me hablaban de su parte y permitiéndome escuchar sermones que parecían ser escritos sólo para mí. Durante ese tiempo, yo estaba ciega y mi corazón se había endurecido. Me enojaba cuando alguien venía a darme una palabra de Dios. Sin embargo, ahora comenzaba a percatarme de que Él llevaba mucho tiempo llamando mi atención, incluso cuando yo huía de Él.

Aún en el pozo, en mi lugar más oscuro y más bajo, Él estaba allí. Porque es en la oscuridad donde la luz más pequeña se puede apreciar. Cuando abrí los ojos de mi alma, no podía creer lo bajo que había caído. Diane Vázquez había sido infiel a Dios, a su esposo, a su familia, a sus amigos y al propósito de Dios para su vida.

Tal vez tú estás en ese pozo ahora mismo: solo, lleno de remordimiento, prisionero de tus adicciones, cargado de vergüenza, ansiedad y depresión. Quiero decirte: ¡Ése no es tu lugar. No te quedes ahí!

Muchas veces, somos nuestro peor enemigo. Nos maltratamos a nosotros mismos y nos hundimos de maneras en las que nadie más lo haría. Abrimos los ojos por la mañana y los primeros pensamientos que inundan nuestra mente son:

"FALLASTE. NUNCA CAMBIARÁS. NO VALES NADA. HERISTE A QUIENES TE AMAN. TU PROPÓSITO NUNCA SE CUMPLIRÁ. DIOS NO TE PERDONARÁ".

Lloramos tantas veces, y sin embargo, nadie lo sabe. Fingimos que todo está bien, e incluso nos enojamos cuando alguien se atreve a confrontarnos con la verdad. Porque en nuestro orgullo, queremos justificar nuestras acciones, mientras morimos lentamente, callados, pero con el alma gritando. Nadie más logra escuchar. Cuando nos preguntan: "¿Cómo estás?", respondemos de la manera más espiritual: "Gracias a Dios, todo está bien", con una sonrisa falsa escondida detrás de innumerables máscaras.

Cuando mantienes una lucha interna, las noches se vuelven más difíciles porque, en el silencio y la tranquilidad de la noche, los pensamientos se intensifican. Resulta paradójico que una palabra tan sencilla como 'vivir' pueda convertirse en 'sobrevivir'; cómo un simple prefijo tiene el poder de opacar la belleza de uno de los mayores regalos que Dios nos ha dado: la vida.

En ese pozo el oxígeno se agota y la fuerza para luchar se desvanece. El dolor llega hasta lo más profundo del alma. Miras hacia arriba y la salida parece tan lejana, tan imposible de alcanzar.

En ese lugar, en el punto más bajo, donde sientes que ya no tienes fuerzas para levantarte de nuevo, donde has pensado que el mundo estaría mejor sin ti, donde la muerte parece la única forma de terminar con el desastre que has creado, es ahí, en el lugar más oscuro, donde puedes apreciar el resplandor de la luz más tenue. En ese lugar, finalmente escuchas lo que por tanto tiempo ignoraste debido al ruido de las malditas distracciones a las que le permitiste gritar.

En ese pozo, donde nadie más se atreve a ir o a donde no has permitido que alguien entre, Jesús te encuentra. Quizás te preguntes por qué me atrevo a asegurar esto con tanta fe. No cuestiones la magnitud de mi fe, cuando apenas estás conociendo la profundidad de mi proceso. ¡Lo aseguro porque lo he vivido! Jesús no solamente me encontró en el pozo, sino que me liberó del pozo.

En mi momento más oscuro, en el pozo más hondo, Jesús nunca me abandonó. Él estuvo ahí. Este libro no es para personas religiosas que piensan que un verdadero cristiano nunca caería en pecado, que alguien que hace algo así nunca tuvo un verdadero encuentro con Dios (créeme, he escuchado a personas decir eso).

La realidad es que todos nos hemos ensuciado un poco y, en algún momento, hemos caído en algún pozo. Hay un dicho en mi país que dice: "El que no tiene dinga, tiene mandinga" (lo que significa que si no cojeas de una pierna, cojeas de la otra). En otras palabras, todos tenemos grietas.

Por eso, cuando los fariseos y los maestros de la ley trajeron a la mujer adúltera a los pies de Jesús, él mismo les dijo: — Aquel de ustedes que esté libre de pecado, que tire la primera piedra Juan 8:7 NVI.

En esta escena profundamente conmovedora, Jesús no estaba tratando de ridiculizar a los maestros de la ley ni de avergonzar a la mujer adúltera. Simplemente quería que todos entendieran la razón por la cual Él vino al mundo.

El verdadero problema de la humanidad no es lo que queremos aparentar, cómo nos vestimos, el título que llevamos, con cuántos hombres o mujeres nos hemos acostado, cuántas drogas hemos consumido o a quiénes hemos lastimado...

El verdadero problema de la humanidad está en el corazón. Todos necesitamos la gracia de Dios. "Pues todos han pecado y están privados de la gloria de Dios, pero por su gracia son justificados gratuitamente mediante la redención que Cristo Jesús efectuó". Romanos 3:23-24 NVI.

Me encanta cuando dice: "TODOS han pecado". No hay exclusión, ni excepciones especiales para cristianos, adúlteros, chismosos, religiosos, mentirosos, adictos, líderes de iglesias... Solo hay inclusión: "TODOS". Eso me incluye a mí y te incluye a ti.

Crecí en el evangelio y he servido en todas las áreas de la iglesia. He limpiado, trabajado en el sonido, ayudado en el ministerio de niños, jóvenes, mujeres, misiones, cámaras, redes sociales, ayuno y oración, he predicado y he aconsejado. Incluso, fui parte del grupo de adoración, aunque, para ser honesta, no entono ni una nota musical. (Mi esposo bromea diciendo que mi rango vocal es extraordinario porque canto en registros que ni siquiera han sido descubiertos aún... ¡jajaja!). Pero como no había suficientes 0cantantes, me lancé a cantar y, aunque desafinaba, ocupé un lugar.

Tomé todas las clases bíblicas disponibles. No había forma de no conocer la Palabra de Dios. Conocía todas las historias bíblicas, todos los libros y personajes de la Biblia y tenía la teología. Conocía mucho de Dios, pero no conocía completamente a Dios. Aún no había conocido realmente la gracia inmerecida de Dios, de la que tanto había leído y escuchado. En medio de mi proceso, resonaban en mí las palabras que dijo Job tras su prueba: "Lo que antes sabía de ti era lo que me habían contado, pero ahora mis ojos te han visto, y he llegado a conocerte" Job 42:5.

Sé lo terrible que se siente estar en el pozo y sé lo abrumador que es pensar que sería mejor no existir, pero no te permitas creer que no puedes cambiar. Hay Alguien que no le importa qué tan profundo o sucio puedas estar. No pienses que el enemigo te está atacando porque eres débil. Escúchame bien...

El enemigo te está atacando porque eres un guerrero y una guerrera. Eres escogido y creado para un gran propósito en el reino de Dios. Como dice una querida amiga: "Caer está permitido, pero levantarse es obligatorio".

CAPÍTULO 6

El huracán

UN HURACÁN COMO NINGÚN OTRO

Los huracanes no eran nada nuevo para nosotros los puertorriqueños. Crecí en una isla del Caribe donde los huracanes forman parte de nuestra vida. Cuando era niña, recuerdo la emoción que traían: días sin clases, jugar con mis primos y vecinos, encender velas cuando se iba la luz y disfrutar de la aventura que significaba todo eso. En aquel entonces, los huracanes no me parecían peligrosos. Eran como días festivos inesperados, una razón para reunirnos en familia, un descanso de la realidad.

Cuando escuché por primera vez sobre el huracán María, no le di mucha importancia. Miré las noticias y le dije a mi mamá: —Mami, viene un huracán.

No teníamos ni la menor idea que en solo unos días todo cambiaría; que este huracán no sería como los otros. No sabíamos que arrasaría con nuestra isla como una bestia monstruosa, tragándose hogares, vidas y sueños a su paso.

Y yo, no sabía que mi propio huracán personal, el que había estado viviendo durante los últimos dos años, estaba a punto de obligarme a tomar una decisión que había estado evitando por mucho tiempo. Porque cuando el huracán María golpeó Puerto Rico, mi vida ya había sido destruida por una tormenta mucho más fuerte que cualquier ráfaga de viento y lluvia. El huracán que estaba atacándondome ya había destrozado mi alma.

Para septiembre de 2017, mi vida era irreconocible. Había pasado el último año huyendo. Escondiéndome. Ahogándome. Fingiendo. Seguía viviendo en Puerto Rico, mientras Onis vivía en Nueva York.

Durante meses, hice todo lo posible para evitar enfrentarlo, para evitar enfrentar mi matrimonio, mis decisiones y mi pecado. Evitaba sus llamadas y sus cartas. Sin embargo, un par de meses antes de que el huracán María golpeara a Puerto Rico, Onis me llamó desde Nueva York. Esa noche, no sé por qué, pero no dudé en contestar. Sonaba diferente—más tranquilo y en paz. Me dijo que había estado orando, que sentía que Dios lo llamaba a acercarse más, a buscar sanidad y perdón. Pude escuchar la sinceridad en su voz, la profundidad de su fe.

Empezamos a hablar por teléfono. Y sin darnos cuenta, cada día hablábamos más. Era extraño, porque aunque estábamos casados, al mismo tiempo se sentía como si fuéramos extraños. No hablábamos como esposo y esposa, ni como amantes, sino como amigos cordiales, evitando traer heridas. Estaba demasiado aterrada de decir algo que pudiera revelar la realidad de mi vida y que cambiará nuestra relación para siempre. Evitaba decir algo que hiciera que él me despreciara. No porque no lo amara, sino porque no sabía si yo merecía su amor, si merecía su perdón. Sobre todo, porque no sabía si alguna vez podría merecer una segunda oportunidad.

¿Cómo podría? ¿Cómo podría hablarle cuando yo había destrozado todo lo que una vez tuvimos y todo lo que habíamos soñado? ¿Cómo podría mirarlo a los ojos cuando cargaba con tanta vergüenza y tanto pecado?

EL HURACÁN TOCÓ TIERRA

Entonces llegó el 20 de septiembre. Las noticias del huracán María se volvieron serias. Vi los reportes, las imágenes satelitales y las advertencias. Aun así, pensé: "Se irá la luz por un tiempo, tal vez unos días... pero todo estará bien".

¡Qué equivocada estaba! Cuando María tocó tierra en Puerto Rico, nada volvió a ser igual. La noche anterior le envié un mensaje a Onis que decía: "Se ve muy feo el huracán". Ese fue el último mensaje mío que recibió porque, cuando María golpeó nuestra Isla, todo quedó en completa oscuridad. Parecía que ese monstruo había hecho desaparecer a Puerto Rico del mapa. Las torres de comunicación colapsaron. Las estaciones de radio y televisión quedaron en silencio. Los celulares y el internet dejaron de funcionar. Durante dos semanas, no hubo comunicación y millones de personas se quedaron sin acceso a agua potable. Nos sentíamos desesperados y aislados del resto del mundo.

Vivimos la angustia de no saber de nuestros familiares y amigos. Nadie sabía si su familia seguía viva después del azote de María. Nadie sabía quién había sobrevivido. Nadie sabía si la ayuda llegaría. Onis estaba en Nueva York y yo en Puerto Rico, rodeada de destrucción. La incertidumbre reinaba y él no tenía idea de si yo estaba viva.

SOBREVIVIENDO DESPUÉS DEL HURACÁN

Las siguientes semanas fueron un campo de batalla por sobrevivir. No había luz. No había agua. No había gasolina. No había comida. La gente hacía filas de 12 y hasta 24 horas solo para conseguir gasolina. Los supermercados casi no tenían abastos. Los bancos estaban cerrados. ¡Todo había colapsado!

La isla se convirtió en una tierra de supervivencia, desesperación y desesperanza. Y mientras todos luchaban por mantenerse con vida, yo peleaba otra batalla: la que llevaba dentro de mí. Porque por primera vez en mi vida, sentí que Dios estaba trabajando en mi desastre. Y aunque sonaba muy hermoso, a la misma vez era aterrador porque implicaba exponer mi vulnerabilidad.

LA LLAMADA MÁS ESPERADA

En nuestra iglesia, encontramos un viejo teléfono de línea. Nadie lo había usado en años. Pero ahora, era nuestra única esperanza de contactar al mundo exterior. Cada día, intentábamos hacer una llamada. Cada día, la línea estaba muerta. Pero nunca perdimos la esperanza.

Después de dos semanas, al fin la llamada pasó. Esa llamada que esperábamos tanto, fue la que nos permitió hablar por ese viejo teléfono. Mi esposo había estado orando y temiendo lo peor porque las noticias en Estados Unidos repetían que Puerto Rico había sido destruido, que no había forma de comunicarse con nadie y que había personas desaparecidas, presuntamente muertas. Cuando por fin Onis escuchó mi voz, lloró... Ambos lo hicimos. Por primera vez en muchos días pudo asegurar que yo estaba viva.

UNA INVITACIÓN QUE NO PODÍA RECHAZAR

Después de encontrar las palabras para hablar, nunca olvidaré lo primero que me dijo: "¡Te vienes para Nueva York conmigo!" Yo dudé. Él me conocía demasiado bien. Sabía que odiaba que me dijeran qué hacer. Sabía que me resistía al control. No obstante, en ese momento, por primera vez en todo un año, no discutí, ni me resistí. Tampoco busqué una excusa para evitar lo inevitable. Porque en el fondo, sabía que tenía que irme y afrontar la situación.

ONE WAY TICKET

Los aeropuertos estaban cerrados. No había forma de salir de Puerto Rico. Aun así, Onis fue persistente. Estaba determinado a encontrar una manera para que pudiéramos estar juntos. Y lo logró. Encontró una forma. Los días antes de mi vuelo, sentía que algo dentro de mí estaba cambiando. Pasé horas en la playa mirando el paisaje, pero ya no gritaba de coraje al viento. Ya no estaba huyendo. Está vez estaba orando. Por primera vez en mucho tiempo, me sentí escuchada.

Con el sonido del viento y las olas, podía oír la voz de Dios. Finalmente, después de tantas peleas me estaba rindiendo. Me di cuenta de algo —Dios me había estado rescatando todo este tiempo. Comencé a recordar todas las veces que intentó llamar mi atención. Todas las veces que alguien vino y me habló, pero en aquel momento yo estaba demasiado enojada para ver que era Dios.

UN OTOÑO EN NUEVA YORK

Así como los árboles tiran sus hojas en otoño preparándose para la próxima temporada, de esa misma forma me encontraba preparándome para enfrentar la próxima etapa de mi vida.

El día de mi vuelo estaba muy nerviosa por lo que me esperaba al llegar a Nueva York. Empaqué solo lo necesario. Una pequeña maleta y una mochila de espalda. Y un corazón lleno de miedo e incertidumbre.

Me despedí de mi familia con el corazón roto. Aunque sabía que estaba haciendo lo correcto para mi vida y mi matrimonio, me dolía dejar a mi familia en la isla, en medio de la destrucción. Con una maleta llena de ropa y un alma llena de miedos, le dije adiós a mi isla. Y mientras el avión despegaba, supe que estaba a punto de enfrentar todo aquello de lo que había estado huyendo. ¿Qué pasaría? ¿Debería decir algo o quedarme callada y fingir que nada pasó? Con las manos temblorosas, comencé a notar los grandes edificios de Nueva York. Había llegado. Ya no había vuelta atrás. Tenía que enfrentar mi realidad.

Cuando el avión aterrizó, caminé hacia el área de reclamo de equipaje. En el aeropuerto JFK, hay una escalera eléctrica que debes tomar para bajar al área de equipaje. Y ahí al fondo estaba él, Onis. Lo vi de pie al final de la escalera eléctrica sosteniendo un ramo de rosas y sonriendo. Las lágrimas llenaron mis ojos mientras caminaba hacia él con el corazón latiendo con fuerza.

¿Qué debía hacer? ¿Debería decirle todo? ¿Me perdonaría? ¿Alguna vez me perdonaría a mí misma? ¿Volveríamos a ser, aunque sea, la sombra de lo que alguna vez fuimos? Y entonces, cuando llegué a él, cubierta de miedos, él tomó mi mano. Un gesto simple. Una promesa silenciosa. Me abrazó con fuerza, me dio flores y besó mi mano. Me miró a los ojos y me dijo: "Estoy tan feliz de que estés aquí".

Quise gritar. Quise decirle: ¡No deberías estar feliz! ¡No sabes lo que he hecho! Aun así, me quedé callada. Me ayudó con mis maletas y nos dirigimos a su apartamento. En ese momento, supe que la tormenta no había terminado. Apenas estaba por comenzar. Sin embargo, por primera vez en mucho tiempo… no la enfrentaría sola.

Tal vez Onis no sabía todo lo que yo había hecho, pero no era ningún tonto. Sabía que algo había pasado. Lo podía leer

EL HURACÁN

en su mirada. Pero por encima de todo, seguía trayéndome flores, sonriéndome, tomándome de la mano y diciéndome que me amaba. Ahora íbamos camino a nuestro nuevo hogar.

Era un pequeño estudio de Nueva York, pequeñísimo. La cocina, la sala y el dormitorio estaban en el mismo espacio. A pesar de todo, con el tiempo nos dimos cuenta de que era exactamente lo que necesitábamos.

Si hubiéramos estado en un lugar más grande, habría sido fácil evitarnos. Yo podría haberme escondido en mi vergüenza; él podría haberse mantenido ocupado y distraído. No obstante, no había a dónde correr. Teníamos que enfrentarnos. Enfrentar la verdad.

Al principio se sintió extraño. Llevábamos seis años casados. Lo conocía—sabía lo que le gustaba comer, la forma en que doblaba su ropa, el sonido de su risa, de qué lado de la cama le gustaba dormir... Sin embargo, en ese momento, nos sentíamos como extraños, como si nos estuviéramos conociendo por primera vez.

Aunque él nunca me hizo sentir como una intrusa, yo actuaba como tal. No tomaba nada del refrigerador sin pedir permiso. Caminaba de puntillas, temiendo interrumpir la paz. Pero él se esforzaba en hacerme sentir en casa, mostrándome todas las pequeñas cosas que había hecho para que yo estuviera cómoda.

Días después, me invitó a la iglesia— La iglesia donde trabajaba, donde todos sabían de nuestro tiempo de separación. Estaba aterrada. Cuando llegamos al estacionamiento, no pude salir del auto. Onis salió primero, emocionado de mostrarle a todos que su oración había sido contestada. Yo estaba en Nueva York.

Me quedé en el auto fingiendo arreglarme el maquillaje. Pensaba: "Me van a juzgar. Me van a odiar. Me van a llamar pecadora. Si supieran todo, no me recibirían". Cuando finalmente entré, para mi sorpresa, la gente corrió a abrazarme. "¡Diane está aquí! ¡Diane está aquí!" Era todo lo que se escuchaba.

Me sentí abrumada por su bondad, por la gracia que no merecía. Es increíble cómo nuestra mente siempre espera lo peor de los demás. El enemigo usa mentiras para mantenernos escondidos. Tenía tanto miedo de ser rechazada, cuando en realidad, la gente estaba esperándome con los brazos abiertos. La verdad es que siempre habrá quienes hablen mal de ti. Aunque lamentablemente son los más que hacen ruido, son la minoría.

De hecho, escribir este libro ha sido un reto porque sé que algunas personas que me conocieron en aquel tiempo, podrían usarlo para reafirmar lo que han imaginado por años. Sin embargo, a estas alturas, no me importa lo que ellos piensen de mí. Me importa más lo que Dios dice y piensa de mí, que lo que ellos puedan pensar. Porque mi intención no es aclarar las presuntas dudas que tengan de mí. Mi intención es liberar cautivos con mi testimonio.

UN DÍA DE CHICAS

Al día siguiente, recibí una invitación de Elida, una compañera de trabajo de Onis. Ella era parte de la iglesia y me invitó a hacernos las uñas. Y aunque me encanta hacerme las uñas, en ese momento no quería ir—no porque no me gustara, sino porque sentía que cargaba algo tan oscuro que no podía fingir que todo estaba bien. Pero por su insistencia y la de mi esposo, acepté salir con ella.

Para mi sorpresa, nunca mencionó lo que había pasado. Fuimos a tomar café y luego al salón. Por unas horas, olvidé la vergüenza que cargaba. Solo hablamos de cosas de chicas y en ningún momento intentó hacerme sentir culpable.

Qué hermoso es tener personas así a nuestro alrededor. Personas que ven lo mejor de nosotros. Onis me empujó a salir ese día porque sabía que lo necesitaba y que ella era un lugar seguro para mí.

Poco a poco, otras personas de la iglesia comenzaron a invitarme a salir—unas a arreglarme el cabello, otras a tomar café o cenar... Poco a poco, me fui integrando a mi nueva vida en Nueva York.

El frío comenzaba a sentirse con la llegada de noviembre. No era lo que estaba acostumbrada a vivir, pero ya empezaba a sentirme en casa. Mientras tanto, Onis y yo intentábamos aprender a vivir juntos nuevamente. Él continuaba mostrándome amor, diciéndome cada día lo hermosa que era. Yo sabía que lo decía desde un lugar puro, pero cada vez que me decía algo dulce, yo me sentía peor. Mi culpa me atormentaba: "Si supieras todo lo que he hecho, de seguro no me verías igual".

Aunque compartimos todo como una pareja casada viviendo en la misma casa, aún no podía estar íntimamente con él. La vergüenza y la culpa me consumían. Aunque me había hecho pruebas de enfermedades de transmisión sexual y todo había salido negativo, mi propia culpa seguía gritándome que podía contagiar a Onis con algo.

Mirando atrás, me asombra la paciencia que Onis tuvo conmigo. Si los roles se hubieran invertido, no creo que yo hubiera tolerado tanto silencio y frialdad. Pero en ese momento, entre los dos, uno era más fuerte que el otro, y la fuerte no era yo.

1 Corintios 13:4-5 NVI dice: "El amor es paciente, es bondadoso. El amor no es envidioso ni jactancioso ni

orgulloso. No se comporta con rudeza, no es egoísta, no se enoja fácilmente y no guarda rencor". Claramente, yo no podía dar algo que no tenía y que no comprendía. Era prisionera de la vergüenza y la culpa. Había cerrado mi corazón a lo que realmente es el amor.

"En el amor no hay temor, sino que el perfecto amor echa fuera el temor; porque el temor lleva en sí castigo. De donde el que teme, no ha sido perfeccionado en el amor" 1 Juan 4:18 RVR1960. Doy gracias a Dios porque en ese momento de silencio, vergüenza, miedo y dolor... Onis eligió amar. No porque fuera el hombre perfecto, sino porque había experimentado el verdadero amor que solo Dios puede dar. En lugar de dejar que la traición y el dolor se apodera de su corazón, corrió al único lugar donde debía ir: corrió a Jesús.

Si estás soltero/a, quiero recordarte la importancia de estar con alguien que ame a Dios de verdad. En las relaciones y en el matrimonio habrá temporadas donde uno estará mejor que el otro. Pero qué poderoso es saber que cuando estás débil, tu esposo/a estará ahí para sostener tus brazos. En nuestro matrimonio ha habido momentos donde es Onis quien ha necesitado mi ayuda, y en otros momentos, como el que me encontraba, que he sido yo la que he necesitado ayuda. Así que, elige bien con quién vas a pasar el resto de tus días.

En cuanto a mí, aunque estaba en mi proceso de sanidad, caminaba con miedo, vergüenza y mucha culpa. La Biblia nos enseña en Mateo 7:13-14 que hay solamente dos caminos: el de la vida y el de la perdición. Por mucho tiempo me alejé de Dios, y cuando nos apartamos del camino de la justicia, inevitablemente tomamos otro: el de Satanás. No es mi intención asustarte, pero si no reconocemos quién está intentando dirigir nuestras acciones y deseos, jamás podremos salir del pozo en el que hemos caído. Porque el diablo es mentiroso por naturaleza. La Biblia lo dice claramente: "Porque ustedes son hijos de su padre el diablo, y les encanta hacer

EL HURACÁN

las cosas malvadas que él hace. Él ha sido asesino desde el principio. Siempre ha odiado la verdad porque en él no hay verdad. Cuando miente, actúa de acuerdo con su naturaleza, porque es mentiroso y el padre de la mentira" Juan 8:44 NTV.

Sus mentiras pueden comenzar con un pensamiento o una emoción tan pequeña y sutil que ni siquiera lo notas, pero que alimenta tus deseos. Y si no renovamos nuestra mente con la verdad de Dios, dejaremos espacio para que esas mentiras crezcan en nuestros pensamientos, que esos pensamientos se conviertan en deseos, que esos deseos lleguen a la acción y esas acciones cambien el rumbo de nuestro destino.

No escuches las palabras engañosas del tentador. Ceder a la tentación nos lleva por un camino que va del placer temporal al pecado, y si no lo detenemos, terminará en muerte. El placer desordenado y destructivo causa ceguera temporal y lleva a consecuencias muy dañinas para ti y para otros. Lo que parece pequeño puede tener grandes consecuencias: el chisme puede llevar a una relación rota. La glotonería puede causar enfermedades crónicas. El exceso de velocidad puede provocar accidentes de tránsito. La serie que tiene escenas sexuales muy explícitas, puede llevarte a la pornografía. No subestimes el peso que tienen tus decisiones, pues ellas te encaminan hacia la vida o la muerte.

Yo no fui infiel a mi esposo ni cometí todos esos errores de la noche a la mañana. Todo comenzó con una pequeña mentira que se plantó en mi mente. Esa mentira pudo haber empezado con algo que vi, algo que escuché o una emoción… Pero cuando el enemigo vio la oportunidad de alimentarla, se aprovechó de mi debilidad.

Tal vez hoy abres los ojos sin saber cómo llegaste al peor lugar en el que podrías estar. Es porque el enemigo sabe exactamente qué trucos y estrategias usar para hacernos tropezar sin que lo notemos. Sus mentiras suelen sonar mejor que la verdad. Precisamente por eso son engaños. Hay un dicho que dice: "Si suena demasiado bueno para ser verdad, es porque no lo es". En otras palabras, es una mentira.

Maldita mentira y maldito mentiroso, Satanás, el engañador por excelencia. La Biblia dice que ha sido un mentiroso desde el principio. Su primera aparición en la Biblia se da bajo la apariencia de una serpiente. Las credenciales de esta criatura malévola se anuncian en su introducción: "Pero la serpiente era astuta, más que todos los animales del campo que Jehová Dios había hecho" Génesis 3:1 RVR 1960.

Astucia, engaño y sutileza, estas son las cualidades descriptivas que componen el retrato de Satanás. Te pregunto: ¿Cómo ha usado Satanás estas características contra ti en las tentaciones personales?

¡Este ciclo de esclavitud nos aprisiona! Pecamos y cuando nos cae el peso del remordimiento, fingimos arrepentimiento, pero no hay transformación. Entonces, aparentamos que somos libres, pero en realidad somos esclavos de las mentiras de Satanás. Para lograr salir de ese círculo vicioso y que nuestras heridas profundas sanen, la alternativa es la intervención divina, donde lo natural y lo sobrenatural entran en coalición.

Para lograr salir de ese círculo vicioso y que nuestras heridas profundas sanen, la alternativa es la intervención divina.

TORMENTERAS

A pesar de su devastación, el huracán nos da una ventaja: la advertencia previa. Tenemos algunos días antes del embate para prepararnos: instalar tormenteras para proteger las puertas y

EL HURACÁN

ventanas, almacenar alimentos enlatados, preparar las plantas eléctricas y almacenar agua...

Aunque sabía que el huracán María había quedado atrás, estaba a punto de enfrentar mi propio huracán, mi vergonzosa realidad. Pero esta vez no me sentía indefensa ni desprotegida. Era como si mi alma estuviera instalando tormenteras de protección. En lo más profundo de mi alma, sabía que los vientos vendrían con fuertes ráfagas, pero me sentía resguardada. Mi remordimiento comenzaba a transformarse en un verdadero arrepentimiento. Ya no importaba la fuerza del huracán, había llegado el tiempo de decir toda la verdad.

CAPÍTULO 7

Reconstruyendo los pedazos

ENFRENTANDO A LAS PERSONAS QUE MÁS TEMÍA

Hay momentos en la vida que ponen a prueba nuestra fe de volver a levantarnos. Momentos en los que debemos pararnos frente a los escombros que hemos causado y enfrentar a las personas que hemos herido, sin saber si nos ofrecerán gracia o condenación. Para mí, uno de los momentos más difíciles en mi proceso de sanidad fue saber que, en algún momento, tendría que enfrentar a la familia de Onis.

Durante nuestra separación, sus padres lo visitaron en Nueva York, y yo supuse que estaban al tanto de todo. No sabía cuánto les había contado Onis, pero asumí lo peor. Me hice la película de que se habían sentado con él, y le habían dicho: "Esa mujer nunca te amó. Mereces algo mejor. Déjala ir". Y, honestamente, no los habría culpado. Había traicionado su confianza.

Eran personas que me habían amado, me habían recibido, me habían abrazado como familia—personas que habían creído en mí.

¿Y qué había hecho yo con su amor? Los había defraudado. Había herido a su hijo de una manera que nunca imaginaron posible. Así que, ¿cómo podía esperar que me perdonaran?

Lo que me llenaba de temor no era que pensaba que estaban enojados conmigo, sino mi vergüenza. ¿Cómo te paras frente a personas que una vez te celebraron, te apoyaron y creyeron en ti, y les admites que no eras quien ellos pensaban que eras? No podía.

Así que, durante meses, los evité. Durante nuestra separación, la mamá de Onis me llamó algunas veces, pero ignoré sus llamadas. Y las pocas veces que contesté, me aseguré de que la conversación fuera breve. Pues, en mi rebeldía, no quería escuchar la verdad, y en mi arrepentimiento, la vergüenza no me lo permitía.

UN AMOR PARA LA HISTORIA

Los padres de Onis son personas increíbles, dedicadas completamente a Dios. Su fe es evidente en todo lo que hacen y en cómo se entregan a Él. Su vida gira alrededor de su fe y su familia. Pude percibir que eran cristianos ejemplares, sin embargo, yo me visualizaba como el elemento discordante en su familia.

Son amables, desinteresados, trabajadores y llenos de fe—el tipo de persona que irradia amor y gracia. Pero, sobre todo, son inseparables en su vida matrimonial. Todos los que los han conocido pueden dar fe de lo que estoy diciendo.

Solía llamarlos "los novios eternos" porque su amor era tan puro, tan evidente. No eran sólo esposos—eran mejores amigos, almas gemelas, eternamente enamorados.

Ellos eran el modelo del matrimonio que siempre había admirado. Mis suegros estaban a la altura que yo no había logrado llegar. Y la manera en que su madre se refería a su padre—llamándolo "Mi Sol"— era algo que jamás había visto, una expresión de amor única. "Mi Sol" no era solo un apodo. Era una declaración que significa: "Mi mundo gira alrededor de ti, mi fortaleza viene de ti, sin ti nada es igual".

Y luego estaba yo. Una mujer que había faltado el respeto, deshonrado y roto el corazón de su hijo. Aunque estaba verdaderamente arrepentida y decidida a cambiar, ¿cómo podría volver a enfrentarlos? ¿Cómo podía mirarlos a los ojos? ¿Cómo podría esperar que me aceptaran de nuevo en su familia? Con miles de temores, fui preparando mi corazón para lo que era inevitable. Sabía que, en algún momento, tenía que enfrentar a su familia.

EL ABRAZO DE UN HERMANO

Ese noviembre, la primera persona a la que tuve que enfrentar de la familia de Onis fue a mi cuñado. Mi cuñado es el hermano menor, pero tiene un gran espíritu. Es súper sencillo y relajado, pero no te metas con él ni con los suyos porque te dirá las cosas tal como son, sin endulzarlas.

Onis estaba muy emocionado porque su hermano pasaría Acción de Gracias con nosotros. Y si te preguntas si se quedaría en nuestro pequeño estudio... sí, exactamente ahí se quedaría. Mientras nosotros dormíamos en la cama, él dormiría en el sofá cama que se encontraba justo al lado de nuestra cama. El pequeño restaurador estaba cumpliendo su propósito.

El día que mi cuñado llegó, fuimos a recogerlo al aeropuerto y, cuando lo vimos, corrió hacia mí y me dio un abrazo tan sincero. En ese momento, mi ansiedad bajó un poco. De camino al apartamento, hablamos como si nada hubiera ocurrido. Pasamos unos días hermosos juntos: compartimos, reímos, jugamos, comimos. En resumen, fueron días llenos de renovación para todos nosotros.

El día que tuvo que irse, lo llevamos de regreso al aeropuerto, y mientras hablaba con Onis, sentí algo que no había sentido en mucho tiempo, sentí paz. Creo que sentirme amada y aceptada por el hermano de Onis, rompió una de las barreras que me había paralizado y no me dejaba caminar con determinación hacia la sanidad.

Siempre habrá alguien que crea en tu proceso. No te enfoques en las personas que te critican y solo ven lo peor de ti. Yo sabía que había mucha gente que me juzgaba, me criticaba e incluso, hasta cierto punto, disfrutaba mi caída. Pero durante ese tiempo, no les di espacio para herirme.

En esa temporada de mi vida, dejé de entrar a las redes sociales, especialmente a Facebook. Me alejé de las personas tóxicas que solo veían lo peor de mí. Ese mismo día, después de dejar a mi cuñado en el aeropuerto, venía de regreso al apartamento con un nudo apretándome el pecho porque sentía que había llegado el momento de hablar.

Para bien o para mal, ya fuera el comienzo de una sanidad o el final de nuestra relación, había llegado el momento de ser real, de descubrir lo que estaba oculto para poder tratar

---

Siempre habrá alguien que crea en tu proceso. No te enfoques en las personas que te critican y solo ven lo peor de ti.

las heridas y sanar, de levantarme y no solo vivir en el remordimiento, sino caminar en un verdadero arrepentimiento.

LA CONVERSACIÓN MÁS DIFÍCIL

Cuando llegamos al apartamento—el "pequeño restaurador"—nos sentamos en un pequeño sofá cama, y fue entonces cuando le dije a Onis que necesitaba hablar con él.

Podía sentir los latidos de mi corazón en la garganta, mis manos y mi voz temblaban, pero allí, en aquella fría y húmeda tarde de noviembre de 2017, le dije a mi esposo que le había sido infiel. Le dije que había tenido relaciones sexuales con otra persona y le conté sobre el día en que Dios me rescató cuando estaba drogada.

Sentía que quería vomitar por el dolor físico que experimenté mientras esas palabras salían de mi boca. Hace un par de años, jamás hubiera imaginado que estaría teniendo está conversación con Onis.

Al final, le dije que respetaba su decisión, que no esperaba nada de esa conversación—solo necesitaba ser sincera y decir toda la verdad. Y que al final respetaba y entendía su decisión. Luego de tanto hablar, se escuchaba un gran silencio, no me atrevía a mirarlo, pero cuando levanté mi mirada, Onis me miró con ojos de asombro y compasión. Sé que suena extraño describirlo así, pero eso fue exactamente lo que vi en su mirada. Mientras, vi cómo sus ojos se veían aguados, y finalmente, comenzó a llorar.

Estaba asustada. Pero una parte de mí me decía: "Te lo dije", y pensé: "En cualquier momento me va a mandar para el más allá…". Pero, en lugar de gritarme y botarme del apartamento con asco y repulsión, con lágrimas corriendo por sus mejillas, sostuvo mis manos con ternura y me dijo: "Perdóname por haberte puesto en esa posición y por permitir que te pasaran todas estas cosas".

¡¿QUÉ?! ¿Cómo era posible que este hombre me estuviera pidiendo perdón a mí, cuando yo—y solo yo— era la culpable. ¿Fui yo quien se enredó con esos hombres y se metió en todo ese desastre? ¿Cómo podía él pedirme perdón, después de que yo acababa de soltar una bomba atómica?

Él me estaba pidiendo perdón. A pesar de que fui yo la que le fue infiel, a pesar de que fui yo quien traicionó su confianza, a pesar de que fui yo quien se burló de él. Jamás vi eso venir. Fue una noche larga, llena de silencios y lágrimas. No hubo muchas palabras, pero sí hubo muchas emociones. El tiempo seguía pasando mientras permanecíamos en el mismo lugar, sintiendo cómo la verdad desnudaba nuestra dura realidad.

Cuando el sol empezó a salir, el cansancio nos venció. Después de la noche más larga de nuestras vidas, me desplomé en la cama. Caí "como una pana", como si hubiese nadado todo el Atlántico. Así decimos en Puerto Rico cuando uno se queda sin energía y se duerme al instante.

A la mañana siguiente, cuando abrí los ojos, la realidad comenzó a asentarse lentamente. Le había contado todo a Onis. Sentía como un "hangover" de emociones. De momento te sientes avergonzado de todo lo que dijiste. ¿Quizás no debí haber dicho nada, quizás debí actuar normal?

Repetía en mi mente las palabras de Onis—cómo me había dicho que me perdonaba y que, poco a poco, íbamos a trabajar juntos el proceso. Pero en lugar de sentir alivio y paz, me dio mucha ansiedad.

Era como si alguien estuviera aplastando mi pecho con una fuerza inmensa, sujetando mi garganta con tanta presión que apenas podía respirar. Durante nuestra conversación en la madrugada, Onis me confesó que, durante nuestra separación, había visto pornografía una vez y que se había sentido horrible por ello.

En mi mente, pensaba: "¡HELLO! Acabo de decirte cosas mil veces peores, y tú te sientes culpable por haber visto pornografía una sola vez?" Sabía que su intención era ayudarme a no sentir vergüenza—mostrarme que él también había tenido sus propias luchas con su carne. Pero por dentro, yo solo me sentía sucia. Sentía que era la peor esposa, la peor hija, la peor nuera y la peor cristiana del mundo. Sentía que era la vergüenza de todos los que me conocían... y seguía sintiendo que el mundo estaría mejor sin mí.

Esa mañana, no quería levantarme de la cama, porque levantarme significaba enfrentar la realidad de todas las palabras que había vomitado la noche anterior. Me sentía como "borracha" que no quiere acordarse de lo que hizo la noche anterior. Pero está vez no era el alcohol ni las drogas que me hacían sentir así. Era mi vergonzosa realidad, una embriaguez de emociones y culpa.

Onis se levantó muy callado para no despertarme, y yo me hacía la dormida, pues no quería enfrentarlo. La verdad era que llevaba horas despierta, tratando de imaginar cómo podría levantarme y poner un pie frente a la nueva realidad.

Pero antes de irse, Onis me dio un beso en la frente y cuando apenas abrí mis ojos, me dijo que me amaba. Yo solo le respondí con una pequeña y débil sonrisa porque era todo lo que podía dar.

Aunque Onis me había hablado con palabras de gracia, no podía deshacerme de la sensación de que aún no era digna. Y me di cuenta de algo aterrador. El ser perdonado es una cosa... pero aprender a perdonarte a ti mismo es algo completamente diferente.

Y esa... ¡Esa sería mi próxima batalla!

CAPÍTULO 8

Perdonarme a mí misma

LA PERSONA MÁS DIFÍCIL DE PERDONAR

Desde niña memorizaba versículos de la Biblia. De hecho, cuando había competencias y concursos de trivia bíblicos, me pedían que participara porque tenía buen conocimiento de la Biblia. Sin embargo, aunque conocía muchos versículos bíblicos sobre la gracia, el perdón y la misericordia de Dios, no los había experimentado tan profunda y personalmente hasta entonces.

Una noche, mientras buscaba el significado del perdón, me encontré con una definición que me impactó profundamente:

"El perdón es el acto de soltar el resentimiento, la ira o el deseo de venganza contra alguien que te ha hecho daño. Implica liberar la carga emocional que conlleva aferrarse a la ofensa, incluso si la persona que causó el daño no se disculpa ni busca la reconciliación".

Sonaba tan profundo, tan liberador, tan hermoso y hasta poético: Perdonar a alguien que te ha herido... Liberarte del peso de la amargura... Desatarte de la prisión del resentimiento... Pero mientras leía esa definición una y otra vez, las preguntas bombardearon mi mente: ¿Qué pasa si la persona que más te ha herido has sido tú misma? ¿Qué pasa si la persona que necesito perdonar... soy yo? ¿Cómo te perdonas cuando has causado tanto dolor? Cuando eres tú quien cometió el error, has herido a otros, has fallado, has caído. Cuando la persona que más resientes eres tú misma. ¿Cómo puedo soltar una ofensa que llevo tatuada en la piel?

Es que muchas veces el sufrimiento no viene por lo que otras personas nos hacen, sino por lo que nosotros nos hemos hecho a nosotros mismos.

> Muchas veces el sufrimiento no viene por lo que otras personas nos hacen, sino por lo que nosotros nos hemos hecho a nosotros mismos.

EL PESO DE MI VERGÜENZA

Perdonar a los demás es difícil, no me malinterpretes. Sé lo doloroso que es perdonar a otros. Pero, en ese momento, perdonarme a mí misma me parecía imposible. Pues tenía que dormir y vivir con mi propia conciencia atormentándome diariamente. Recuerdo que una vez estaba en un restaurante comiendo con mi familia y la mesera vino a recoger los platos de la mesa. Era una chica delgada y de baja estatura, pero ella estaba determinada en llevarse todos los platos de la mesa de un sólo viaje. Comenzó a colocar todos los platos y vasos en su bandeja. Éramos un gran grupo de gente y los platos se acumulaban cada vez más sobre sus pequeños brazos. En ese momento mi papá le dice: "¿Estás segura de que puedes con todo ese peso?". Su respuesta nunca la olvidaré: "Más pesa la conciencia y la gente carga con ella". Cuánta realidad reflejaban sus palabras. Miramos a nuestro alrededor y vemos muchas caras, pero no sabemos qué cargas llevan en su conciencia.

Yo había pasado por el proceso de perdonar a las personas que habían dejado heridas profundas en mi vida, algunas desde mi niñez, robándome la inocencia, y otras, a lo largo del camino. Algunas me aplastaron con sus palabras haciéndome sentir insignificante. Personas que traicionaron mi confianza y la de mi familia de la manera más vil. Aunque esos momentos fueron desgarradores, eventualmente, aprendí a perdonar.

Pero ahora, enfrentaba una batalla diferente, pues tenía que perdonarme a mí misma. Esta batalla no era contra alguien más, sino dentro de mí misma, contra voces internas de culpa, vergüenza, dolor, arrepentimiento porque odiaba todo lo que había hecho y sus consecuencias. Odiaba el daño y el sufrimiento que le había hecho a la gente que más amo.

Despreciaba mis errores del pasado. Resentía mis debilidades, mis pecados y mis fracasos. Me miraba al espejo y veía a una mentirosa, a una engañadora, a una falsa cristiana. Estaba decepcionada de mí misma. Nadie tenía que decirme que había fracasado, yo me lo recordaba todos los días.

El peso de los errores cometidos me ahogaba. Aunque me había arrepentido, aunque le había dado la espalda a mi pecado, aunque ya no era la misma persona, la vergüenza seguía allí. No importaba cuánto tiempo pasara, yo sabía lo que había hecho y no podía dejarme olvidarlo. Es difícil perdonar a otros, pero es peor perdonarnos a nosotros mismos porque pensamos que merecemos el castigo para compensar lo que hicimos.

LA OSCURIDAD QUE ME SEGUÍA

Solía pensar que si dejaba de pecar, la carga desaparecería. Que una vez cambiara mi comportamiento, la vergüenza se iría. Pensé que una vez demostrara que era "buena", una verdadera cristiana otra vez y una esposa fiel, finalmente me sentiría limpia y libre. Pero no fue así.

Cargaba con esa vergüenza a todos lados. La llevaba en mis pensamientos, en mi corazón, en mi cuerpo. Era una horrible cicatriz que se negaba a sanar. Intenté huir de ella, con distracciones y fingiendo que estaba bien, pero no sirvió de nada.

No importaba cuán lejos corriera de mi pasado, la vergüenza me perseguía. Susurraba en mis oídos por la noche. Se sentaba sobre mi pecho cuando me despertaba en la mañana. Se burlaba de mí cada vez que me miraba en el espejo.

"Eres repugnante. Eres un fraude. Estás rota más allá de la reparación. Eres la vergüenza de tu familia. Jamás volverás a estar limpia".

No era solo un pensamiento. Se convirtió en una creencia. Se convirtió en mi identidad. No podía verme como Dios me veía. Solo me veía a través del lente de mi pecado.

Pensaba: —Tal vez algunas personas pueden ser perdonadas, pero yo, no. Tal vez otros merecen gracia, pero yo, no. Tal vez Dios ama a sus hijos, pero yo estoy demasiado perdida.

El acusador me atacaba con violencia haciéndome creer que no era digna de restauración. Se me hacía más fácil creer las mentiras, que aceptar la gracia. Porque la gracia no tenía sentido para mí. ¿Cómo podía ser perdonada? ¿Cómo podría volver a ser digna de amor? ¿Cómo podría deshacer el daño que había causado? Quería castigo, no gracia. Quería sufrir porque pensaba que de alguna manera el sufrimiento me haría pagar por lo que había hecho. Pero así no es como Dios trabaja. Uno de los mayores pecados del cristiano es pensar que el amor de Dios tiene límites.

> *Uno de los mayores pecados del cristiano es pensar que el amor de Dios tiene límites.*

TRAYENDO LA OSCURIDAD A LA LUZ

¡La vergüenza pierde su poder cuando se expone a la luz! La Biblia dice que todo lo que está oculto en la oscuridad debe ser traído a la luz. Es que la vergüenza crece en el silencio. Es como una semilla que, enterrada en lo profundo del alma, se alimenta del miedo, la culpa y del dolor. Mientras más tiempo la guardamos, más pesada se vuelve; mientras más la ocultamos, más se intensifica. Es un peso que nos encierra, que nos paraliza, que nos susurra mentiras sobre quiénes somos y lo que valemos.

> *¡La vergüenza pierde su poder cuando se expone a la luz!*

"Todos los que hacen el mal odian la luz y se niegan a acercarse a ella porque temen que sus pecados queden al descubierto, pero los que hacen lo correcto se acercan a la luz, para que otros puedan ver que están haciendo lo que Dios quiere" Juan 3:20-21 NTV.

Pero algo cambia cuando rompemos ese silencio. Cuando tuve el valor de hablar, de traer mi pecado y mi culpa a la luz, sentí como si algo dentro de mí se rompiera. Como si mis manos hubieran estado atadas por demasiado tiempo y, de momento, podía sentir movilidad. Para poder procesar y superar mi vergüenza tuve que romper el silencio y hablar sobre lo que me avergonzaba.

Y poco a poco me daba cuenta cómo la vergüenza perdía su dominio sobre mí. Pues ya no tenía que fingir que todo estaba bien o mentir para hacer sentir bien a todos a mi alrededor. Ya no tenía que esconderme. Mi vergüenza ya no me manipulaba.

A menudo vemos ilustraciones donde el pecado es representado con cadenas. Y aunque siempre me fascinaban esas ilustraciones, jamás pensé que experimentaría la libertad encarnada en mi cuerpo, en mi mente y en mi alma. Ahora entendía el porqué. El pecado, la culpa y la vergüenza son ataduras invisibles que nos encarcelan, cadenas que no se ven en el mundo físico, pero que nos mantienen atrapados en nuestro interior. Mientras más callamos, más nos debilitamos ante su poder y más nos aterra la verdad.

Pero el pecado, la culpa y la vergüenza pierden su fuerza cuando dejamos de ocultarlos. Cuando los exponemos a la luz, ya no pueden susurrarnos mentiras ni llenarnos de miedo con historias de lo peor que podría pasar.

No significa que no haya consecuencias—porque todo pecado trae consecuencias—pero en medio de lo inevitable, encuentras paz. Y esa paz no se obtiene con mentiras ni con silencio que sólo te asfixian más. Solo se encuentra en la verdad.

El pecado, la culpa y la vergüenza pierden su fuerza cuando dejamos de ocultarlos.

JOURNALING

Una noche, me encontré escribiendo en mi diario, desahogando la oscuridad que había estado dentro de mí. Y en mi diario escribí: "Eres la vergüenza de tu familia... y la desgracia de los que aún has de conocer. Todos estarían mejor sin ti".

Al leer esas palabras en voz alta, sentí algo aterradoramente familiar. Era la voz de Satanás infiltrada en pensamientos intrusivos. Pero está vez no venía a tentarme con placeres, sino con mi vergüenza y mi presente realidad. Porque él es así: primero nos enreda con sus mentiras, en pasiones terrenales que él muy bien sabe cuánto satisfacen nuestra carne, para luego señalarnos y juzgarnos por lo bajo que hemos llegado. Estas eran sus mentiras.

Porque Dios no piensa así de nosotros. Dios no piensa así de ti. El enemigo me había convencido de que ya no valía la pena, que mi pasado me había arruinado para siempre, que nunca sería realmente libre.

El proceso de sanidad es como una montaña rusa de emociones. Un día te levantas lleno de fe y esperanza, sintiendo que todo estará bien. Al día siguiente, te despiertas con la certeza de que todo ha terminado, de que no hay salida y de que este será el fin.

Ese día, mientras leía las palabras que había escrito en mi diario, me encontraba en un valle emocional. Mi mente comenzó a dar vueltas, tratando de darle sentido a muchas cosas en mi vida. En medio de ese torbellino de pensamientos y emociones, una idea negativa se instaló en mi mente. Un pensamiento intrusivo que me convencía que era cierto.

EL ROCKSTAR DE PUEBLO

De repente, un pensamiento que había tenido desde que me casé, vino a mi mente, como un rugido dentro del fuego de mis pensamientos. Cuando Onis y yo nos conocimos, él estaba viajando con Alex Campos. En ese tiempo, Alex Campos era uno de los cantantes cristianos más populares de la época, estaba en la cima de su carrera. Onis viajaba muchísimo con él, y además tenía su propia banda llamada "Revoluzión Estereo", que aunque apenas estaba comenzando, rápidamente estaba ganando reconocimiento en Latinoamericana. Él estaba viviendo el sueño de todo músico: viajar, ser parte de algo grande y recibir buen dinero por hacer música. Tocaba en estadios con miles de personas, viviendo la vida que cualquier músico desearía.

Yo, en cambio, vivía en un pequeño pueblo de Puerto Rico, ni siquiera era la capital, sino que era una zona de un pueblo rural llamado Aguadilla. Cuando nos casamos, estábamos tan enamorados que no nos importaba dónde íbamos a vivir. Oramos, buscamos opciones, y terminamos quedándonos en Aguadilla, Puerto Rico.

Pero el problema es que Aguadilla no es un lugar con muchas oportunidades para un músico como él. No es Los Ángeles, no es Nueva York, ni siquiera era San Juan o Miami. Cuando nos mudamos, él quiso dedicar más tiempo a nuestro matrimonio, sintió que debía renunciar a su trabajo con Alex Campos y buscar un empleo en Aguadilla para pasar más tiempo juntos.

Él comenzó a buscar trabajo y el primer trabajo que consiguió fue sostener un letrero que indicaba la dirección de un lugar donde compraban oro. Al principio, pensé: "Que gesto tan heroico y romántico, poniéndome a mí primero". Él estaba sacrificando sus sueños como músico para estar conmigo.

PERDONARME A MÍ MISMA

Recuerdo que, unos meses después de casarnos, fui a recogerlo y mientras conducía, lo vi en la esquina, sosteniendo ese letrero, moviéndolo de un lado a otro. Y me sentí tan mal. Porque ese no era el Onis que conocía con su guitarra en mano, viajando el mundo con la música. Ahora, de repente, estaba en medio de la nada sosteniendo un letrero. Y la culpa me consumía.

Sentía que había dejado todo por mí. Y no podía perdonarme por eso. Ese día comencé a llorar y le dije: "No podemos seguir juntos. Esto es una locura. Mírate... Tú eres Onis Rodríguez. Hace menos de un año estabas viajando, viviendo tu sueño de ser músico y bien pagado... Y ahora, por mi culpa, estás aquí, sosteniendo un estúpido cartel".

Y ahora, después de varios años de ese suceso, volví a caer en esa misma mentira. Pero esta vez con una culpa aún mayor. Porque ahora no sólo había arruinado su carrera musical, sino que le había golpeado el corazón. Lo degradé como hombre y como esposo. Me burlé de él con mis acciones. Y ese sentimiento se hizo aún mayor.

Siéndoles honesta, siempre he luchado con ese pensamiento desde que me casé. Aunque ya han pasado alrededor de 15 años desde que comencé a tener ese pensamiento, hoy, en septiembre de 2024, al escribir este capítulo, me doy cuenta de que aún cargo con esa culpa.

Ayer, por primera vez, mi hija Bella durmió en su propia habitación. Desde que nació, ha dormido con nosotros en la misma cama. Aunque tenemos una cama "king size", aun así, es incómodo tener una niña en medio de los dos. Pero anoche por fin pudimos dormir solos en la misma cama. Eran las 11 p. m. cuando la niña al fin se durmió en su cuarto. Por primera vez en varios años, pude mirar a Onis a los ojos en la cama y platicar antes de acostarnos a dormir.

Mientras platicábamos, de repente, ese pensamiento volvió a mi mente: "Estoy estancando a Onis. Él estaría mejor si nunca me hubiera conocido". Sin darme cuenta, las palabras salieron de mi boca. Creí que había superado esa culpa, pero ahí estaba otra vez.

Sin embargo, esta vez Onis no me respondió con dulzura. Sino que me miró fijamente a los ojos y me dijo: "Diane, tienes que detener ese pensamiento. Eso viene del enemigo, y tú lo sabes. Sabes las veces que Dios ha hablado sobre nuestro matrimonio, sobre nosotros, sobre cómo nos complementamos. Tienes que rechazar ese pensamiento porque no viene de Dios. No puedo creer que aún estés luchando con eso".

Me tomó de la mano, me miró a los ojos y me dijo: "Diane, si no fuera por ti, yo no sería el hombre que soy hoy. No amaría a Dios como lo amo. No sería un hombre centrado en Cristo. No estuviera haciendo lo que estoy haciendo hoy. No sería un padre. No sería un buen esposo".

Volviendo a tomar mi mano me preguntó: "Diane, ¿de verdad crees que yo estaría mejor sin ti? Mira a las personas que me rodeaban cuando me conociste". De momento comencé a recordar. Yo conocía a muchas de esas personas. Me sentí tan estúpida e ignorante. Porque la verdad siempre ha estado ahí, justo frente a mis ojos. Pero la mentira que el enemigo ponía en mi mente no me dejaba ver con claridad la verdad.

A veces queremos espiritualizar demasiado las cosas, esperando una palabra profética o una gran revelación, cuando la respuesta está justo frente a nosotros.

EL PESO DEL PECADO

He aprendido que dejar de pecar es más fácil que liberarse del peso del pecado. Porque cuando decides apartarte del pecado, dejas de hacer aquello que sabes que está mal y corriges esos

PERDONARME A MÍ MISMA

patrones que te llevan a la destrucción. Y entonces comienzas a sentir satisfacción por la persona que te estás convirtiendo. Comienzas a ver como tus buenas decisiones y acciones afectan de una manera positiva tu vida y la de los demás.

Pero, el peso del pecado es diferente, no importa cuánto tiempo lleves haciendo lo correcto, esa maldita culpa llega de momento como una pequeña brisa, a susurrarnos, llegan los recuerdos de lo que hiciste, por dónde anduviste, con quien estuviste, las palabras que dijiste o las que callaste, y vuelve a atormentarnos. Quizás alguien dijo algo, viste algo, escuchaste algo que te hizo recordar, o un aroma te llevó a ese horrible lugar. Es como si fuéramos atacados por nuestra propia mente. La pregunta es: ¿Cómo podemos soltar algo invisible, algo que nadie más puede ver, un recuerdo que sólo cargamos en nuestra conciencia, algo que nos llega de repente para abrirnos las heridas?

La respuesta está en no identificarnos por nuestros errores, sino vernos como nuevas criaturas en Cristo. Ya no me define lo que fui ni mi pasado, sino lo que soy en Dios. Cuando el enemigo intente recordarte tu pasado, recuerda que ya no hay ninguna condenación para los que están en Cristo Jesús. Cristo te redimió. Ya no somos esclavos del pecado. Abraza tu nueva identidad: Eres perdonado por Su amor y gracia; eres nueva criatura, hijo de Dios, limpio por Su sangre poderosa, justificado por la fe, amado incondicionalmente y libre en Cristo.

Hebreos 12:1 compara el camino que Dios ha trazado para nosotros con una carrera, y nos exhorta a correrla sin desanimarnos y, sobre todo, liberándonos de "todo peso" que nos impida avanzar en nuestra vida espiritual. Ese peso que tenemos que soltar puede ser la vergüenza, la autocompasión, el dolor, la culpa, recuerdos, temores, distracciones, pensamientos negativos.

Es comprensible la facilidad con que muchos entregan su vida a Cristo en llamados en las iglesias, conciertos y eventos. La confrontación con el pecado y el amor de Jesús es poderosa. Es el amor de Dios manifestándose. Pero la emoción inicial se diluye, y la culpa siembra dudas. Algunos perdonados, fácilmente se alejan, cargando pecados no resueltos. Porque después de la emoción de la conversión, comienza la lucha real, la verdadera batalla entre la carne y el espíritu. Donde lamentablemente muchos recaen en su antigua vida, o peor.

Durante ese tiempo en el que lidiaba con mi culpa, Onis fue increíblemente paciente conmigo. Me perdonó sinceramente y quería trabajar en nuestro matrimonio. No digo que haya sido fácil para él, porque obviamente no lo fue. Él también tuvo que lidiar con sus propios sentimientos y luchas (en los próximos capítulos hablaré más en detalle de esto). Pero más que cualquier otra cosa, él quería que estuviéramos juntos.

Sea que la persona a la que heriste te perdone o no, tú mereces la restauración y el perdón de Dios y mereces perdonarte a ti mismo. En mi caso, mi esposo me perdonó y decidió darme otra oportunidad, y aunque eso es bueno, la realidad es que yo no estaba enfocada en reconstruir un "matrimonio perfecto". No era necesario que fuéramos juntos de compras, cocinar juntos, viajar y publicar fotos románticas en Instagram para hacerle ver al mundo que estábamos bien.

En ese momento, lo que realmente me atormentaba era el peso y la culpa de mi pecado. El miedo de sentirme falsa me atormentaba cada día más. Cómo podría perdonarme a mí misma, cómo podría mirarme en el espejo sin despreciar lo que veía. Cómo podía volver a ser una esposa, como podían salir de mis labios palabras como te amo, cuando mis pasadas acciones gritaban lo contrario.

Por eso digo que no se trata solo de recibir el perdón y la gracia de otra persona para restaurarse. No estoy negando que eso puede hacerlo más fácil hasta cierto punto, pero no quiero que pienses: "Claro, ella dice esto porque su esposo estuvo dispuesto a perdonarla". Lo cierto es que, estando con él o no, aunque él me hubiera perdonado o no, el peso de la culpa y las marcas de mis errores las llevaba conmigo. Lo más importante es aprender a perdonarnos a nosotros mismos. Porque si no lo hacemos es muy difícil caminar hacia la restauración. Es algo que nadie más puede hacer por nosotros. No hay doctor que lo pueda hacer, ni medicamentos que aceleren el proceso. Es nuestra lucha, silenciosa, pero inevitable que debemos atravesar. Lamentablemente, la verdad es que algunas relaciones no se restaurarán, pero debes encontrar paz en el hecho de que Dios está contigo, que Su gracia es más grande y que Su misericordia es infinita. Tu identidad no está en lo que hagas, ni con quien puedas estar, tu verdadera identidad se encuentra en Cristo. La palabra que quiero que recuerdes cuando necesites perdonarte es: "intencionalidad". Perdónate intencionalmente y perdona a los demás cuando sea necesario. La falta de perdón es un obstáculo hacía la sanidad y realmente no vale la pena.

Durante ese proceso en el que lidiaba con la culpa y la vergüenza, comprendí que esta batalla era mayor que la lucha por mi matrimonio. Esto era una guerra espiritual por mi alma, por mi mente, por mi vida, mi propósito, mi futuro y mi eternidad.

GRACIA VS. MISERICORDIA

En una ocasión estaba escuchando una predicación y hablaban sobre la diferencia entre la gracia y la misericordia. Decía el pastor: "Imaginen que están en la autopista, manejando a una velocidad muy por encima del límite permitido, de manera imprudente. Un oficial de policía los detiene, les da una multa y tienen que presentarse en la corte. Cuando van a la corte, llevan el documento que prueba que excedieron el límite de velocidad; esa es la verdad, esa es la evidencia de los hechos. Se lo entregan al juez, y la misericordia sería que el juez lo lea, los mire y diga: '¿Sabes qué? No pasa nada, voy a desechar esto. No tendrás cargos, ni sentencia, eres libre para irte. No tienes que pagar nada, simplemente vete en libertad'".

Pero ahora, la gracia, por otro lado, es diferente. Vas a la corte, entregas el documento, el juez lee lo que hiciste y dice: "¿Sabes qué? Voy a desechar esto, no tienes que pagar nada, no tienes que hacer nada". Pero, además, el juez decide darte algo. Saca un cheque por un millón de dólares y te dice: "Esto es tuyo, aquí tienes un millón de dólares". Ahora, si te pregunto si eso tiene sentido, la respuesta lógica sería que no, que no tiene sentido que alguien no solo te perdone por algo que hiciste mal y que hay pruebas de ello, sino que además te dé una recompensa. Eso no hace sentido".

Cuando luchaba con la falta de perdón, esto resonó profundamente en mí. Dios, en su amor y misericordia, no me dio el castigo que merecía por mi pecado; y, como si fuera poco, en su infinita gracia, me da lo que no merezco: me perdona, me limpia, me da propósito, me bendice y me regala vida eterna. La gracia de Cristo no la merecía, pero Él eligió dármela. Para mí era difícil aceptar tal amor, pero comencé a aferrarme a esa verdad. Y cada vez que los pensamientos de falta de perdón y vergüenza venían a atormentarme, pensaba: "Dios me perdonó. Él ya me ha perdonado". Elegía ser intencional con mis pensamientos. Renovar mi mente. Ahora entiendo por qué renovar la mente es un tema tan repetido en la Biblia. Dios sabía cuánto lo ibas a necesitar.

La realidad es que no podemos tapar el sol con una mano, como dicen. Desde una perspectiva humana, era culpable, los hechos hablaban por sí solos y ante muchos no merecería su perdón, pero Dios siempre ha sido intencional en recordarnos cuánto nos ama. Uno de los textos bíblicos más famosos lo narra tan majestuosamente: "Porque de tal manera amó Dios al mundo..." Juan 3:16 RVR1960. ¿Y sabes quién es el mundo? El mundo eres tú, el mundo soy yo. El mundo tiene tu nombre y tu apellido. Y te pregunto: ¿Qué más podría hacer Jesús por ti, para demostrarte su amor?

Entonces, la pregunta es; ¿por qué seguimos aferrándonos a la vergüenza, y a la culpa? Cuando el mismo Dios, el Creador del mundo, el Creador de tu vida y de la mía, vino al mundo a vivir como humano para entregar su vida en sacrificio por ti y por mí, para que podamos ser libres de todo pecado y de todo peso del pecado. Pienso que la respuesta a esa profunda pregunta se encuentra en quién estamos escuchando. Qué palabras o mensajes alimentan tu mente hambrienta. Porque la mente siempre está buscando con qué nutrirse. Te pregunto: ¿Estás escuchando la verdad de Dios o las mentiras de Satanás?

La Biblia es clara y directa. Abiertamente una y otra vez nos grita cuánto nos ama Dios, pero no logramos comprender tal amor. Una y otra vez leemos de su gracia y aunque resuena en nuestros oídos, nuestra alma no la logra comprender. Tenemos un par de Biblias por cada esquina de la casa, guardadas en gavetas y hasta la cargamos en nuestros dispositivos electrónicos. Pero se nos hace difícil creer que exista tal amor. Estamos tan acostumbrados a un amor condicional que un amor incondicional parecería una ridiculez. Y me doy cuenta que no es la ausencia de palabra, es la ausencia de fe que nos impide acercarnos a él. La mujer con el flujo de sangre es un poderoso ejemplo. Aunque su condición la hacía impura ante la sociedad, creyó con firmeza que solo tocando el borde del manto de Jesús recibiría sanidad. Y así fue. Jesús no la condenó, sino que honró su fe. Me imagino que muchos en ese lugar estaban enfermos o atados, pero fue ella quien recibió el milagro. No porque fuera la favorita, sino porque su fe fue más grande que su vergüenza.

APRENDIENDO A VERME A TRAVÉS DE LOS OJOS DE DIOS

Durante mucho tiempo, yo creía que mis pecados eran más grandes que Su gracia. Creí que mi pasado me definía. Pero Dios me estaba mostrando algo diferente. La gracia no solo perdona, restaura. La gracia no solo borra el pecado, da nueva vida. La gracia no solo limpia el pasado, da esperanza para el futuro. El día que realmente entendí la gracia, poco a poco, todo comenzó a cambiar. Dejé de definirme por mis peores errores. Dejé de verme a través del lente de mi pecado. Y empecé a verme como Dios me ve.

Amada. Escogida. Redimida. Lavada y hecha nueva. Me di cuenta de que yo no soy mi pasado. No soy mis errores. No soy mis fracasos. No soy las mentiras que el enemigo susurra a mi mente. ¡Soy una hija de Dios! Y si Él me ha perdonado, ¿quién soy yo para no perdonarme a mí misma?

UN NUEVO COMIENZO

Por primera vez en mucho tiempo, comencé a soltar la vergüenza. Soltar la culpa. Soltar la falta de perdón hacia mí misma. Y elegí caminar en la libertad que Jesús ya me había dado. Elegí creer que Su gracia era suficiente. Que Su amor era más grande que mis peores errores. Que mi pasado no era el final de mi historia. Que en Él, soy una obra maestra de su Gracia.

Oro para que abras tu corazón y tu mente a la verdad que Dios dice de ti. No te permitas pensar que no eres digno de recibir su perdón. No le tengas miedo a su juicio. Estás en las manos del mejor juez. Su juicio no es para destruirte, es para depurarte. Y en el proceso podrás ver con claridad cuán grande es el amor de Dios por ti. Ten presente que Satanás intentará distraerte en el momento en que la verdad de Dios comience a atraerte. Mantente firme. Sé valiente. Ten fe. Sé intencional con lo que piensas de ti. No eres responsable del mundo que moldeó tus creencias, pero sí eres muy responsable del mundo que creas a través de ellas. Decide creer lo mejor de ti.

"Pido en oración que, de sus gloriosos e inagotables recursos, los fortalezca con poder en el ser interior por medio de su Espíritu. Entonces Cristo habitará en el corazón de ustedes a medida que confíen en él. Echarán raíces profundas en el amor de Dios, y ellas los mantendrán fuertes. Espero que puedan comprender, como corresponde a todo el pueblo de Dios, cuán ancho, cuán largo, cuán alto y cuán profundo es su amor. Es mi deseo que experimenten el amor de Cristo, aun cuando es demasiado grande para comprenderlo todo. Entonces serán completos con toda la plenitud de la vida y el poder que proviene de Dios." Efesios 3:16-19 NTV.

.

CAPÍTULO 9

Redescubriendo el propósito

EL SUEÑO DEL PROPÓSITO Y LAS PROFECÍAS

Cuando somos jóvenes, la palabra propósito suena electrizante y emocionante. Alimenta nuestros sueños y aspiraciones sobre quiénes seremos y qué lograremos de adultos. Se siente ilimitado, como si el mundo entero estuviera a nuestro alcance.

Esa sensación de propósito fascinante nos alienta a creer que podemos lograr cualquier cosa que queramos ser: un astronauta, un médico, un ingeniero, un maestro, un jefe de una gran empresa, el mejor influencer, en fin, sentimos que podemos cambiar el mundo. Creemos que podemos terminar con las guerras, detener la injusticia, salvar vidas, marcar la historia.

Y si creciste en la iglesia, el propósito era aún más grande. No era solo un sueño de lo que harías para ganarte la vida, sino que era un llamado divino. Tu propósito era tu identidad. Tu propósito era tu destino. Tu propósito era tu razón de ser. Si creciste en la cultura de la iglesia, tal vez entiendas esto.

Yo crecí asistiendo a todo tipo de eventos cristianos: campamentos cristianos, conferencias juveniles, noches de avivamiento, donde predicadores, cantantes y líderes apasionados y llenos de Dios nos profetizaban. Y déjame decirte, para un joven, recibir una palabra profética era lo más grande.

Imagínate que estás sentado en una sala llena de gente y, de repente, el predicador te mira fijamente y dice: "¡Tú! ¡Sí, tú! ¡La chica de piel oscura y cabello rizado! ¡Ven aquí!" Y tu corazón comienza a latir con fuerza porque en ese momento, sentías que Dios mismo te había escogido entre tanta gente. Luego, con todas las miradas puestas en ti, el predicador decía algo poderoso y revelador como: "¡Veo una unción sobre tu vida! ¡Impactarás a las naciones! ¡Cantarás ante miles! (Aunque ese nunca fue ni será mi caso). ¡Predicarás el evangelio por el mundo!", entre muchas cosas más... y les crees. Comienzas hacerte toda la película de cómo se verá tu vida cuando seas adulto. Porque, ¿por qué no habrías de hacerlo? En ese momento, se siente tan real. Se siente tan seguro, tan revelador y emocionante. Se siente como si tu vida estuviera perfectamente trazada. Sabes exactamente quién eres y lo que se supone que debes hacer. Pero... luego, la vida te golpea fuerte.

Aunque las profecías son buenas, lamentablemente muchas veces te pueden hacer creer que eres mejor que los demás. Te crees la película de que eres la persona más especial porque fuiste elegido por Dios. Es una mentira que te vuelve arrogante y orgulloso, para luego quebrantarte cuando te das cuenta que no eres tan perfecto como pensabas. Y, de repente, ese "propósito" que una vez creíste poder alcanzar, se transforma en un mero recuerdo. Sientes que la vida te golpeó justo en el estómago cuando te encuentras en un lugar en el que nunca pensaste que estarías, muy lejos de ese propósito por el cual fuiste escogido. Cuando esa realidad te enfrenta, te das cuenta que ese propósito que una vez te impulsó, ahora lo ves inalcanzable.

Eso fue exactamente lo que me pasó a mí. Me sentí especial, elegida por Dios e invensible, pero mi inmadurez me impidió ver que mis habilidades, el ser elegida, mi propósito... todo es por Él, y es un acto de Su gracia.

Tal vez tú, que estás leyendo esto, también lo has vivido o lo estás viviendo en este momento. Creías con todo tu corazón que estabas destinado a ser alguien que haría grandes cosas, pero ahora te sientes como el peor estafador.

CUANDO SE ROMPE LA BURBUJA DEL SUEÑO

Nunca imaginé que mi vida tomaría ese rumbo. Nunca imaginé que caería tan bajo, ni que acabaría donde juré no estar.

Quizás tú me entiendas porque también has sentido lo mismo. Puede que no hayas recibido una profecía, pero siempre creíste en un destino grandioso para ti. Tenías una visión para tu futuro, sueños que parecían inquebrantables. Pero luego, la vida se interpuso. Tal vez caíste o estás en una adicción. Quizás tomaste una mala decisión que lo cambió todo. Puede ser que estés involucrado románticamente con la persona equivocada. Tal vez lastimaste a alguien o te lastimaron a ti. Quizás tu identidad fue robada por mentiras, por el dolor, por el trauma... y ahora ni siquiera te reconoces. Te miras en el espejo y piensas: "¿Qué me pasó? ¿A dónde se fue mi propósito? Lo arruiné todo". Y lo peor de todo es que comienzas a dudar y a preguntarte: "¿Se equivocó Dios cuando me llamó?"

EL SUPUESTO PROPÓSITO

Cuando tenía 16 años, el libro *Una Vida con Propósito* de Rick Warren se hizo extremadamente popular. En ese momento, yo estaba tan apasionada por Dios. Quería servirle en todo. Quería entregarle mi vida al Señor por completo. Así que cuando conseguí el libro, pensé: "¡Va a revelarme mi propósito!". Creía que me diría exactamente lo que se suponía que debía hacer con mi vida. Pero cuando comencé a leer, algo me sorprendió. El mensaje central del libro decía que tu propósito no se trata de ti. O sea, que no se trata de lo que nosotros podamos hacer. Que el propósito no se trata de tus sueños, tus ambiciones o tu éxito personal. Tampoco se trata de lo que quieres lograr. El propósito se trata de Dios. El propósito es vivir en adoración. Es servir a los demás, vivir en comunidad, en evangelismo y glorificar a Dios. ¿Y honestamente? No me gustó mucho esa respuesta.

Dejé de leer el libro porque no se alineaba con lo que yo entendía que debía ser mi propósito. En mi mente, el propósito se trataba de lo que yo iba a hacer para Dios y de las grandes cosas que me habían profetizado. Por años, llevé conmigo esa falsa definición de propósito. Creía que mi propósito era mi asignación y que estaba ligado a mi desempeño. Cuando fracasé, cuando caí en pecado, cuando mi vida se derrumbó pensé que había perdido mi propósito para siempre.

CUANDO SIENTES QUE TU LLAMADO MUERE

Antes de que todo se desmoronara, estaba viviendo lo que creía que era mi propósito. Asistía a la iglesia. Estaba sirviendo en varios ministerios. Lideraba, enseñaba y hablaba de la Palabra de Dios e incluso, era líder espiritual en una escuela cristiana. Estaba haciendo todas las cosas "correctas". Y creía: "Este es mi propósito". Mi vida se veía alineada a mi propia idea de lo que era mi propósito. Pero cuando caí en pecado y "metí la pata" cometiendo tantos errores, pensé que ya mi propósito terminaría, que Dios me descalificaría.

Cuando me mudé a Nueva York completamente rota, sentí que había perdido mi llamado y, por ende, mi propósito. Sentí que Dios tenía que cambiar sus planes para mí o, al menos, lo que yo pensaba que era mi propósito. Pensé: "Tal vez nunca estuve realmente llamada. Quizás malinterpreté todo. Puede ser que Dios se haya rendido conmigo". Dejé de creer que mi vida era significante para Dios, dejé de creer en mí misma, dejé de creer que otra vez Dios podría usarme para cumplir sus propósitos.

LA SALA DE EMERGENCIAS ESPIRITUAL

Tal vez tú que estás leyendo estas páginas sientes que Dios te ha dejado a un lado. Piensas que las revelaciones y palabras que Dios te dio cuando eras joven han expirado. Te entiendo, porque así me sentí yo.

Durante ese tiempo, no me atrevía a hablar de esto con nadie. Pues, sabía que yo era la única culpable y no había manera de justificarme a mí misma. Muy dentro, sabía que necesitaba sanidad y restauración. Sabía que antes de volver a hacer algo en la iglesia o algo que representara a Dios, necesitaba recluirme en lo que llamo "el hospital espiritual". Pero tenía tanto miedo de caminar hacia la redención porque sabía que la sanidad requeriría someterme a una cirugía espiritual mayor que me haría vulnerable. Implicaba exponer mi vergüenza como una herida abierta y permitir que el Espíritu Santo y las personas designadas por Dios me operaran. Requeriría quebrantar mi orgullo, exponer la realidad de lo que había ocultado al mundo.

Muchas veces, esa es la razón principal por la que muchos cristianos, especialmente líderes, tienen tanto miedo de pedir ayuda y exponer sus debilidades. A la mayoría de la gente se les olvida que ellos también son humanos. Se les hace fácil señalar y juzgar. Toman el papel de justicieros, en lugar de ser compasivos. Buscan la debilidad del prójimo para exponerla y hacerse ver fuertes ante los demás. Lamentablemente, hoy día, muchos usan las plataformas para crear contenido y aumentar su audiencia a costa de exponer la caída de otros. Como hijos de Dios, tenemos que rendirnos a Él para que nos enseñe a lidiar con nuestra fragilidad y aprender a usarla para seguir creciendo.

Exponer nuestra vulnerabilidad no es tarea fácil, pero es necesario para que el poder de Dios se manifieste en nuestra debilidad. Debemos prestar mucha atención a la conducta de nuestro cónyuge, de nuestros hijos y de las personas que amamos. A menudo percibimos que algo no anda bien, notamos conductas extrañas o sospechosas, esas famosas "red flags", pero las ignoramos porque no queremos enfrentar la realidad. Como dice el dicho: "Ojos que no ven, corazón que no siente". Como si ignorar algo, lo hiciera menos real.

Esta es la razón por la que a un esposo le cuesta tanto abrirse con su esposa sobre sus luchas, por la que los hijos temen confesar a sus padres sus errores, por la que un miembro de una iglesia se le hace tan difícil hablar con su líder o pastor de sus caídas, y por la que un pastor o una persona de influencia duda en revelar su debilidad. Nos resulta fácil hablar de santidad y de pureza, pero olvidamos nuestra realidad humana. Olvidamos la lucha que tenemos como seres humanos desde que nacemos hasta que partamos de este mundo.

Ignoramos que existe una batalla constante entre nuestra carne y el espíritu, y que hay un enemigo que está constantemente buscando nuestra más mínima debilidad para tratar de derrumbarnos. En esa búsqueda por la santidad y la pureza, avergonzamos la realidad de la humanidad. Sí, es cierto que Dios quiere que caminemos en santidad, no me malinterpretes. Es sumamente importante enseñar sobre la pureza y la santidad, pero cuando avergonzamos a los humanos por ser humanos, también estamos cometiendo un grave error. Porque hacemos inútil el sacrificio de Jesús en la cruz y su sangre derramada en el madero. ¿De qué serviría un Salvador si no hubiera nadie a quien salvar?

GRACIA EN MEDIO DE LA DESGRACIA

El camino hacia la redención es como un choque entre dos potencias. Por un lado es sumamente alentador ver cómo Dios trabaja con nuestro desastre, pero, por otro lado, es extremadamente doloroso. Es como el famoso dicho: "Todos ven la gloria, pero pocos conocen el precio". Escuchamos o vemos testimonios de la redención, pero muy pocas veces vemos lo que costó. El camino hacia la redención no es fácil, está lleno de vergüenza, arrepentimiento, dolor, miedo, juicio, tristeza, soledad... Sin embargo, hoy quiero que entiendas que Dios te da gracia en medio de la desgracia.

La gracia no es solo para que Dios te declare inocente por la obra de Cristo, sino también para ayudarte a caminar por el proceso de la restauración. No es solo para salvación, sino que también te ayuda a caminar acompañado durante los procesos difíciles de la vida. La gracia es su amor y favor inmerecido.

Dios nos ha dado su gracia para enfrentar el camino de la corrección y la sanidad. Un camino difícil, pero necesario. No hay manera de esquivarlo. Solo enfrentándolo, cruzaremos al otro lado. Y mientras me sumergía en está gracia me topé con su definición. El diccionario Oxford dice que la gracia es "elegancia o refinamiento de movimiento". Leí esa definición y rápidamente mi mente imaginó a los bailarines de ballet. Cómo ellos ejecutan sus movimientos. Es impresionante cómo parecen volar a través del escenario. Pero la verdad es que todos esos pasos son sumamente difíciles de realizar, sin embargo, ellos tienen una "gracia" especial para lograrlo.

De la misma manera, la gracia de Dios, nos ayuda a caminar por el camino de sanidad y redención. Esa es la gracia sustentadora de Dios. Pablo lo expresa de esta manera: "... pero él me dijo: «Te basta con mi gracia, pues mi poder se perfecciona en la debilidad" 2 Corintios 12:9 NVI. Es esa gracia que te da el poder de seguir adelante cuando sientes ganas de rendirte. Una gracia que te ayuda a vencer las debilidades, no tan sólo las de ayer y las de hoy, sino que también te ayudará en las futuras. Porque, quiero que entiendas algo, el hecho de que tu herida sane y obtengas redención por una caída, no significa que ya no necesites de la gracia sustentadora de Dios. Mientras vivamos en este mundo, vamos a enfrentar situaciones de desgracia, situaciones que van a estremecer nuestro corazón y nuestra mente. Pero no olvides que en nuestra debilidad Dios muestra su poder de manera más evidente. Tenemos que aprender a depender completamente de Él y no confiar en nuestras fuerzas. Su gracia no se basa en lo que hemos hecho, sino en lo que Jesús hizo por nosotros en la cruz. ¡Qué hermoso es saber que Dios nos da gracia en medio de la desgracia!

EL VERDADERO PROPÓSITO

Aunque avanzaba en mi camino hacia la sanidad, constantemente luchaba con la idea de que el propósito de Dios era una recompensa por el buen comportamiento. En mi mente, creía que mi pecado había disminuido mi propósito y que ya no podría ser el mismo.

Estaba tan acostumbrada a hacer cosas en la iglesia, que terminé definiendo mi identidad en Cristo por lo que hacía. Para mí el propósito estaba ligado a mis acciones. Pero en ese pequeño y solitario apartamento en el que viví (*el pequeño restaurador*) recuerdo que hablaba con Dios todos los días. Le decía cómo me sentía, porque aunque estaba caminando hacia la sanidad, me sentía sin propósito. Sabía que Él perdonaba mis pecados, pero dentro de mí seguía pensando que Dios tendría que cambiar su propósito para mi vida, porque yo había sido una mala hija.

Justo ahí, en medio de mi crisis existencial, el Espíritu Santo me confrontó y me dijo: "Diane, tu propósito nunca se trató de lo que haces. Nunca se trató de tu título, tu posición o tu plataforma. Tampoco de tu éxito. Tu propósito siempre se trató de Mí, de quién eres en Mí. ¡Eres mi hija y yo soy tu Padre!"

Siendo sincera, me costaba entender que Dios pudiera complacerse en mí, simplemente por ser su hija. Cuando aquello que has imaginado toda tu vida, se desmorona ante tus ojos, resulta muy difícil procesarlo.

En el silencio de esa aparente falta de propósito, Dios hizo algo increíble. Mientras permanecía sentada en esa silla de la iglesia, sin hacer aparentemente nada significativo para Dios o para la congregación, Él comenzó a hacer algo significativo en mi vida.

Al principio, entraba a la iglesia y me sentía fuera de lugar porque ya no estaba sirviendo ni trabajando como solía hacerlo. Pero con el tiempo, al entrar por las puertas de la iglesia y sentarme, sentí el amor de Dios sobre mí. Me sentí amada como nunca antes. Fue extraño para mí sentirme tan amada sin aparentemente hacer nada, pero no pude hacer más que rendirme a ese amor.

Viene a mi mente la escena del Hijo Pródigo. Él se había ido y había gastado todo su dinero en placeres, hasta quedar sin nada y sólo. Pero en su hoyo, decide regresar a la casa de su padre. Y para su sorpresa, su padre lo había estado esperando, no para juzgarlo, no para minimizar su rol, sino que lo abrazó, le puso un anillo nuevo y celebró su llegada. Eso es lo mismo que hace el Padre Celestial, "ABBA," por ti. No tengas miedo de volver, pues Él te ha estado esperando. Dios no cambia tu asignación, Dios reafirma tu asignación. Mira la historia de Pedro cuando negó a Jesús. En su vergüenza, Pedro volvió a dedicarse a la pesca, pues había pensado que ya no estaba al nivel de los demás apóstoles, porque lo había negado en el momento que más Jesús lo necesitaba. Pero Jesús, luego de su resurrección, va a la orilla, lo busca y reafirma su llamado diciéndole: "Pedro: Apacienta mis ovejas". Solo puedo imaginar la reacción de Pedro cuando Jesús le preguntó: "¿Me amas?" Me lo imagino con la mirada baja, incapaz de sostener los ojos del Maestro. ¿Cómo podría hacerlo, después de haberlo negado en su momento más oscuro? La culpa debió pesarle más que cualquier cadena. Y quizás así te sientes tú. Avergonzado. Roto. Indigno de sentarte a la mesa del Padre. Pero presta atención a esto: Jesús no te pregunta si lo amas porque dude de tus sentimientos. Él lo sabe todo. Él conoce tu corazón. Te pregunta porque tú necesitas escucharte decirlo. Necesitas recordar cuánto lo amas. Porque en medio del dolor, del error, del remordimiento, solemos olvidar lo que es verdadero y eterno. Tu error no ha cambiado Su amor por ti. Su mirada no está llena de juicio, sino de gracia. Eres tú quien necesita entender que Él no ha dejado de amarte. Que Él sigue llamándote, no para señalarte, sino para restaurarte. Porque en Su mesa siempre hay un lugar para los que se atreven a volver.

    Cada vez que asistía al servicio a adorar a Dios, mis manos se levantaban un poco más. Al principio, la vergüenza de haber sido una falsa no me permitía levantar completamente mis manos en adoración. Pero poco a poco, mis manos se elevaron más y más. Y mientras estaba siendo redimida, lo único que podía hacer era someterme a Dios y a sus procesos en obediencia. Someterme a las personas que Él puso delante de mí para guiar mi proceso de sanidad. Ser discipulada. No les niego, fue un tiempo extraño para mí, algo a lo que no estaba acostumbrada, pero que necesitaba desesperadamente. "El que atiende a la corrección va camino a la vida; el que la rechaza se pierde" Proverbios 10:17 NVI.

Es increíble cómo Dios, como un buen Padre, actúa en favor de sus hijos y no nos da lo que queremos, sino lo que necesitamos. Cuando Dios no te da lo que quieres, adorarlo y agradécele porque Él proveerá exactamente lo que necesitas, aun cuando no haga sentido para ti.

Mientras me aferraba a esa realidad de aparente anonimato, encontré mi verdadero propósito. Lo que pensé que iba a romperme, en realidad me estaba liberando, me estaba quitando la carga que llevaba encima. Era Dios diciéndome: "No se trata de ti. Y porque no se trata de ti, no termina contigo. Se trata de Mí y de lo que yo puedo hacer a través de ti. Esta caída no es el final".

Y eso es exactamente lo que quiero que entiendas: fuiste creado por Él y para Él. Sí, cometiste errores y tendrás que vivir con las consecuencias, pero porque no se trata de ti, no terminará contigo. Terminará cuando Él diga que termina; pero es necesario pasar por un proceso intenso de sanidad y corrección. Al final del día, recuerda que Él te ama, Él te creó, Él te escogió, y nada, absolutamente nada, podrá separarte de Su amor. Es mejor someterse a la disciplina de Dios, que al juicio de la gente.

Ahora que soy madre, entiendo cuando la gente decía: Cuando seas padre o madre, comprenderás más profundo el amor que Dios tiene por nosotros. Ahora tengo a mi hija, Bella. En ocasiones ella hace cosas tontas, comete errores, a veces me saca de quicio, me hace llorar y pelear, pero aun así, yo sigo amándola y sigo creyendo en ella. Verla crecer aun cuando ha cometido sus errores y le he tenido que llamar la atención, me llena de alegría y satisfacción. Así es Dios con nosotros. Él es nuestro buen Padre, nuestro Padre perfecto.

Así que, en medio de esa temporada de sentirme sin propósito, cuando creía que mi propósito dependía de mi asignación, encontré descanso en su verdad. Y esa verdad lo cambió todo. Porque el propósito no es lo mismo que la asignación. Tu asignación puede cambiar. Tu carrera puede cambiar. Tus roles pueden cambiar. Pero tu propósito nunca cambia porque tu propósito no se trata de lo que haces, sino de a quién perteneces. Me llena de paz entender que mi propósito no está definido por la plataforma en la que estoy, por las personas que me rodean, por la influencia que pueda tener, por cuántos seguidores tengo en las redes sociales, por cuánto dinero tengo o cómo me veo.

Tu propósito tendrá sentido cuando estés cerca del Padre. Porque para Dios es más importante el corazón del hombre que la misión. Y aunque durante ese tiempo me encontraba sola en ese pequeño apartamento, sin reconocimiento, sin plataformas y sin cámaras grabando, a menudo en pijamas, despeinada, sin maquillaje, con lágrimas corriendo por mi rostro... pero rendida al amor de Dios y con más identidad que nunca. Y así, poco a poco, la carga de encontrar mi propósito desaparecía y era reemplazada por Su presencia, por la presencia del Dios vivo.

Si hoy te encuentras sin propósito y piensas que Dios ya se dio por vencido contigo, recuerda que tu propósito tendrá sentido cuando estés cerca de él. Mes tras mes, iba a la iglesia y me sentaba en la primera fila. Sin agendas. Sin roles que llenar. Sin expectativas de ser vista por alguien. Sólo quería deleitarme en su presencia.

ENCONTRANDO PROPÓSITO EN LO INESPERADO

Un día, mi iglesia en Nueva York me pidió que sirviera en el ministerio de niños. Y, sinceramente, no quería hacerlo. Ya había servido anteriormente en el ministerio de niños y sentía que había pasado esa etapa, que había evolucionado en mi rol. Ya "había avanzado" a cosas más grandes.

Estaba acostumbrada a trabajar con adultos, con jóvenes, con mujeres y ahora, ¿Dios me pedía que volviera a enseñar a los niños? Lo sentía como un retroceso. Pero en ese momento, me di cuenta de que Dios me estaba preguntando: "¿Me servirás incluso cuando no parezca significativo para ti? ¿Serás fiel aunque nadie te vea? ¿Me seguirás, aunque el camino se vea diferente a lo que imaginaste?"

Vino a mi mente la historia del joven rico (Marcos 10:17-30). Él quería la clave para obtener la vida eterna, pues aparentemente había hecho todo lo correcto, de acuerdo a la sociedad y la ley judía. Pero cuando Jesús le dice que venda todo lo que tiene, que se lo dé a los pobres y que lo siga, el joven se fue muy triste. No creo que la intención de Jesús era que el joven fuera pobre. Más bien, era una prueba para ver dónde estaba su corazón y cuán dispuesto estaba a obedecerlo.

A veces queremos servir a Jesús, pero a nuestra manera y bajo nuestras condiciones. Cuando Dios nos pide obediencia, no siempre estamos dispuestos a rendirnos completamente a Él. Cuando me pidieron servir en el ministerio de niños, hubo una lucha momentánea dentro de mí. Recordé la historia del joven rico porque pensé: "Aunque no soy rica, me estás pidiendo algo que no quiero hacer". Había algo de orgullo en mí. Al igual que el joven rico, yo no quería entregar el nivel que, según yo, había alcanzado. De pronto sentía que era bajar de "nivel ministerial". No quiero que pienses que estoy menospreciando el ministerio de niños. Para mí es uno de los ministerios más importantes en la iglesia, pero en ese momento no era lo que yo quería hacer, y pensaba que estaba lista para retos mayores.

La lucha entre confiar y obedecer es real, pero también es un paso necesario hacia el crecimiento y la transformación. Cuando empiezas a caminar en obediencia, comienzas a conocer el corazón del Padre. Después de batallar con muchos pensamientos, recuerdo que literalmente miré hacia arriba, me sonreí un poco y pensé: "Sé lo que estás haciendo". Así que no podía decir que no, porque si lo hacía, hubiera repetido el error del joven rico. Hubiera prolongado mi sanidad por una posición y tendría que repetir el ciclo de asignación vs. propósito. Así que dije: "¡Sí, trabajaré en el ministerio de niños!".

Al fin pude entender que:

Mi propósito no se trata de mí.

Mi propósito no se trata de la plataforma.

Mi propósito es amar a Dios.

Mi propósito es adorarlo.

Mi propósito es darle gloria, sin importar la temporada ni la asignación.

PROPÓSITO RESTAURADO

Si sientes que has perdido tu propósito, si sientes que tus errores te han descalificado, si sientes que Dios ya no puede usarte: ¡Estás equivocado! El propósito de Dios para tu vida nunca cambió. Él sigue llamándote y te pregunta lo mismo que le preguntó a Pedro después de haberlo negado tres veces: "¿Me amas?".

Todavía tiene un plan para ti. Sigues siendo elegido. Y aunque tu tarea se vea diferente, y tu sanidad parece no terminar, tu propósito sigue siendo el mismo. Amarlo. Conocerlo. Darlo a conocer. Y eso es más que suficiente.

Sé que decidir obedecer puede ser difícil porque cuando pensamos en nuestro propósito, la obediencia es lo último que nos viene a la mente. No parece algo atractivo, ni significativo. Pero a medida que aprendemos a obedecer, conocemos más el corazón del Padre. No siempre amaremos lo que Dios nos pide hacer, pero en el proceso de la obediencia, la paciencia desarrolla nuestra capacidad para navegar por la espera y el "mientras tanto" desarrolla nuestra habilidad para esperar pacientemente durante el proceso de sanidad. Obedecer es confiar en que Dios es bueno, que siempre hace el bien, y que sabe lo que está haciendo, sin importar cuánto tiempo tome ni cómo se ve nuestra asignación en ese momento.

Esperar es mucho más beneficioso porque el Señor está trabajando en algo maravilloso en un lugar secreto, en el lugar donde nadie está mirando. En el lugar de aparente anonimato, Dios está trabajando en tu carácter, en tu corazón, en tu ansiedad y depresión. Está trabajando en tus motivos e intenciones. Está trabajando en ti, para ti y para glorificarse a través de ti. Déjame hacerte una pregunta: ¿Qué pasaría si realmente entendieras tu propósito? Si supieras por qué estás aquí en esta tierra.

CAPÍTULO 10

La verdad que sana

¿QUÉ ES LA VERDAD?

A menudo nos encontramos haciendo la misma pregunta que Pilato le hizo a Jesús: "¿Qué es la verdad?". En el mundo de hoy, la verdad parece estar en constante cambio. Una generación dice una cosa, y la siguiente la redefine. Existen innumerables opiniones, ideologías y creencias que compiten por la autoridad y que proclaman tener la verdad. Lo vemos en los medios de comunicación, podcasts, redes sociales… Todo el mundo tiene su propia idea de lo que es la verdad.

Muchos pueden confundir la verdad con sus emociones. Piensan que la verdad es simplemente lo que sienten que es correcto en el momento. Viven con lo que les dicta su corazón. Lamentablemente eso es muy ambiguo porque el corazón puede engañarnos. Hoy puedes sentirte de una manera y al día siguiente pasa algo que te hace cambiar completamente de parecer.

Jesús hizo una afirmación radical acerca de la verdad. Él dijo: "Yo soy el camino, la verdad y la vida. Nadie viene al Padre sino por mí" Juan 14:6. ¡Es tan "mind blowing"! Jesús no solo dijo que conoce la verdad, sino que Él ES la verdad. Cuando entendemos que Él no solo dice la verdad, sino que es la verdad misma, debemos preguntarnos: ¿qué significa que Jesús sea la verdad cuando enfrentamos realidades dolorosas e incómodas? ¿Y cómo impacta la verdad en nuestra vida cuando expone el pecado, la vergüenza y el quebrantamiento?

LA VERDAD QUE ES FÁCIL DE DIGERIR

Hay verdades que son sencillas y fáciles de reconocer. Verdades que nos llenan de entusiasmo y esperanza como:

- Dios es amor.
- Debemos adorarlo.
- Hablar con Dios.
- Hacer dieta y ejercicios para estar saludables.
- Ir al colegio.
- Tener licencia para conducir un vehículo.

Estas verdades no nos amenazan, no nos incomodan. Son verdades existenciales que conocemos desde pequeños y que, no importa la temporada en la que estemos en la vida, las reconocemos como verdades porque encajan perfectamente en nuestra forma de ver el mundo y de ver a Dios.

Sin embargo, hay verdades que nos aterrorizan porque nos confrontan o nos obligan a cuestionar nuestras acciones:

- La verdad de que he pecado.
- La verdad de que mis acciones tienen consecuencias.
- La verdad de que tengo que enfrentar mi pasado.
- La verdad de que la sanidad requiere un proceso profundo y doloroso.
- La verdad de una enfermedad.
- La verdad de una pérdida de un ser querido.
- La verdad de una relación rota.

Y, de repente, la verdad ya no es tan fácil de aceptar porque nos saca de nuestra zona de comodidad.

Cuando fui a dar a luz a mi hija, mi doctora siempre me decía que todo se veía muy bien y que mi parto sería uno natural. Así que me preparé con la imagen perfecta de tener un parto natural. Sin mucho dolor ni tiempo de espera. Pero cuando llegó mi día fue todo lo contrario. De hecho, fui a una cita de rutina y la doctora me dijo que tenía que irme al hospital porque mi presión arterial estaba demasiado alta. Cuando llegué al hospital, por unos días trataron de estabilizar mi presión y cuidar de que la bebé estuviera bien, pero solo estábamos peor. Tuvieron que hacerme una cesárea de emergencia. Cuando desperté de la anestesia, no podía creer lo que había pasado. No me había preparado para enfrentar una cesárea y no tenía ni la menor idea de cómo sería la recuperación. No estaba preparada para enfrentar la verdad de lo que me había sucedido.

Creo que ese es uno de los mayores problemas que enfrentamos, no solo en la comunidad cristiana, sino en el mundo. Tenemos miedo de enfrentar la verdad. Tenemos miedo de lo que pueda revelar porque queremos que todo "esté bien". Desde pequeños nos enseñan a enfrentar la vida con las verdades bonitas, pero no estamos preparados para enfrentar la verdad dolorosa, la que no es fácil de aceptar.

POR QUÉ LE TEMEMOS A LA VERDAD

Como seres humanos, tenemos un instinto natural de protegernos del dolor. Sin embargo, la verdad tiene una manera de exponer heridas que preferimos dejar cubiertas. La verdad exige confrontación, responsabilidad y aceptación. A veces, por la vergüenza del qué dirán, por el miedo de perderlo todo y por el sufrimiento que puede traer a quienes más amamos, preferimos quedarnos en la oscuridad antes que enfrentar lo que la luz pueda revelar.

He visto esto en los padres. Cuando era maestra de preescolar, a veces notaba dificultades de aprendizaje en un niño—patrones que apuntaban a un tipo de diagnóstico. Y cuando animaba con delicadeza a los padres a realizar una evaluación, su reacción a menudo era de miedo: —No, no, mi hijo está bien. —o decían—: No quiero ponerle una etiqueta. Porque si reconocen la verdad, tienen que enfrentarla. Es más cómodo negar la realidad para tratar de evadir el problema.

¿Y no reaccionamos de la misma forma con nuestras propias vidas? Preferimos ignorar la verdad antes que confrontarla. Porque la verdad podría decirnos:

- Que necesitamos cambiar.
- Que debemos soltar algo tóxico.
- Debemos admitir que estábamos equivocados.
- Que debemos enfrentar el dolor que hemos enterrado.
- Que debemos asumir la responsabilidad de nuestras acciones.
- Tenemos que pedir perdón.
- Que debemos ser corregidos.
- Que necesitamos un tiempo para restaurarnos.

La verdad en ocasiones, duele. A veces es desafiante. Nos confronta con nuestros peores miedos. Pero, al final, solo cuando enfrentamos la verdad podemos realmente vivir en libertad.

CUANDO LA VERDAD Y EL DOLOR COLISIONAN

Cuando decidí dejar de encubrir mi pecado y le revelé a Onis las cosas que había hecho, pensé que el proceso de restauración de nuestro matrimonio podría avanzar rápidamente.

Dije: "Bien, confesé. Fui honesta. Abrí mi corazón y le revelé toda la verdad. Él me perdonó. Estoy en proceso de restauración. Así que pronto cerraremos este capítulo". Pero

¡qué ingenua fui al pensar así! La verdad no es una varita mágica que transforma la realidad de inmediato. Aprendí que la verdad no es un evento ni un suceso, es un proceso. Hay que enfrentar el dolor que conlleva confesar la verdad para poder sanar heridas profundas. Esa sanidad no es instantánea, sino un proceso gradual. Hubo tantas conversaciones verdaderamente difíciles que Onis y yo tuvimos que tener y tantos momentos dolorosos por los que tuvimos que pasar. No fue sencillo. Nos sumergimos en la verdad, explorándola a pesar del sufrimiento. Tuve que revelar aspectos personales dolorosos porque, queramos o no, la verdad siempre sale a la luz. Enfrentamos muchas conversaciones arduas, y yo admito que detesto las conversaciones difíciles. No me gusta que las tengan conmigo, y mucho menos tenerlas con otras personas. Me generan ansiedad, sudor en las manos y palpitaciones. Las confrontaciones son incómodas, y tendemos a protegernos, ponernos a la defensiva y justificarnos.

Tuvimos un encuentro fuerte y profundo con la verdad, mientras buscábamos la renovación de nuestro matrimonio y mientras caminaba hacia mi propia transformación. Estoy segura, que yo no sería la mujer que soy hoy, si no hubiera recorrido esa dolorosa ruta de la verdad. Parecía que cerrábamos un capítulo y, por un tiempo, todo estaba bien. Pero luego, surgía otro capítulo, aún más difícil. Me preguntaba: "Ya tuvimos esta conversación, ya hablamos de esto. ¿Por qué vuelves a preguntar lo mismo? Si me perdonaste, deberías olvidar esos detalles". Y cada vez, al cerrar un capítulo, debíamos abrir uno más doloroso. Porque cada vez que creíamos haber superado una capa de verdad, emergía otra. Cada vez que pensábamos haber encontrado el cierre, se abría otra herida. Cada vez que creíamos que podíamos seguir adelante en este duro proceso, surgían más preguntas que necesitaban respuestas. Comencé a comprender que la verdad no es simplemente algo que confiesas, sino algo en lo que caminas cada día.

Era muy fácil para mí decirle: "No, ya hablamos de eso. No tienes por qué seguir preguntando". En ese momento, me resultaba fácil esconderme detrás de mi vergüenza, culpa y de mi propio dolor. Pero la realidad era que él también estaba lidiando con todo lo que yo le estaba contando y necesitaba procesar y sanar. Muchas veces creemos que nuestro dolor es el único que es válido y minimizamos el dolor de los demás.

Quiero que entiendas que tus errores, no te victimizan más que a los demás. No puedes justificar tu dolor y negarle a los demás el derecho de sentir, de estar heridos y de cometer errores en ruta a la renovación. El camino de la verdad es incómodo porque te obliga a ver el dolor propio y el de los demás. Tienes que entender que para ellos es difícil confrontar la verdad. Pero no te menosprecies, escúchame bien, no te desanimes ni pierdas la fe, porque en ocasiones tendrás que escuchar cosas dolorosas, pero siempre recuerda que este proceso de sanidad es para ellos también.

Es como si estuviéramos viviendo lo mismo, pero desde dos perspectivas diferentes. Sentimos la misma tormenta, pero desde orillas distintas. Y quizás, la verdadera prueba de la restauración radica en ese puente invisible: reconocer, comprender y abrazar con gracia las heridas, batallas y la sanidad del otro.

UNA VERDAD QUE NO QUERÍA ENFRENTAR

Una noche, me desperté y vi a Onis sentado al borde de la cama. Se veía afligido, roto y pensativo. Le pregunté: "¿Qué te pasa?" Y él respondió con lágrimas en sus ojos: "Diane, no me malinterpretes. Yo te creo. Creo que has cambiado. Pero recuperar la confianza ha sido más difícil de lo que pensaba. No quisiera sentirme así, pero aún lucho contra las dudas, especialmente cuando recibes una notificación en el celular. No es que quiera desconfiar, pero sigo lidiando con todo lo ocurrido".

LA VERDAD QUE SANA

Odié ese momento. Quise gritar: "¡Pero estoy intentando! Acaso no lo ves ¡He cambiado! ¿Por qué no puedes simplemente creer y confiar en mí?"

La verdad era que él tenía todo el derecho de sentirse así. Tenía todo el derecho de llorar. Tenía todo el derecho de procesarlo a su propio ritmo. En ese momento, entendí que debía elegir: ¿reaccionar a la defensiva o responder con compasión y empatía?

Ese momento marcó mi redención porque ahora debía extender a Onis la misma gracia que recibía. También fue un momento transformador en nuestro matrimonio. Porque sin darnos cuenta, en medio del crudo dolor estábamos atravesando el camino de la renovación matrimonial. Porque la redención de una relación exige dejar el egoísmo, aceptar el dolor causado y ofrecer gracia.

Entonces en ese momento, me arrodillé al lado de Onis, tomé sus manos y le susurré: "Lo siento tanto. Yo sé que lo estás intentando y no te culpo por sentirte así. Tienes todo el derecho".

Porque la verdad requiere humildad. La verdad no nos puede hacer orgullosos. La verdad nos exige aceptar el dolor que hemos causado sin tratar de apresurar los procesos. Nadie ofrece mejor gracia que quien humildemente admite que él mismo la necesita desesperadamente.

Dios me impulsaba a devolverle gracia a mi esposo en su más profunda desgracia. Porque él también estaba profundamente herido, sufría y tenía pesadillas que le recordaban mi infidelidad. Era el comienzo de una verdad nueva y muy desgarradora: verlo ansioso cada vez que mi teléfono sonaba con alguna notificación. Eso me llenaba de tristeza, pero a la misma vez me permitía comprender su dolor y validaba sus emociones aunque me partieran el alma. La verdad nos exige aceptar el dolor que hemos causado sin tratar de minimizar el dolor de los demás.

La vulnerabilidad fue clave en nuestra restauración. No podemos cambiar el pasado, pero lo que sí podemos hacer es abrazar la gracia en el presente, con la esperanza de que el futuro será mejor. Porque cuando recibes la gracia asombrosa de Cristo, puedes dar gracia sin limitaciones, sin excusas, sin disfraces.

LA VERDAD Y LA IGLESIA

Una de las partes más difíciles de mi restauración fue volver a la iglesia. Porque cada vez que me sentaba en un servicio y escuchaba un sermón sobre infidelidad, pureza o matrimonio, sentía que toda la sala me estaba mirando. Yo sé que esos mensajes no eran directamente para mí, ni maléficamente creados para ridiculizarme. Era la palabra de Dios y en la Biblia hay cientos de textos bíblicos que hablan en contra de las pasiones de carnes, la infidelidad, de la lujuria…

Pero al principio me sentía expuesta. Sentía que todos podían ver mis grietas. Y aunque en la iglesia nadie conocía mi historia; yo sentía que sí. Sentía que todos los ojos estaban enfocados en mí. Como mi conciencia me acusaba, me sentía perseguida por mi propia culpa y temores internos sin que nadie me reclamara nada. Muy bien lo expresó el rey Salomón cuando dijo que el pecador huye sin que nadie lo persiga. Mi pecado seguía gritando en mi cabeza.

Esa es precisamente una de las estrategias más utilizadas por el enemigo. Yo le llamo la "falsa humildad". Le digo falsa, porque en nuestra mente pensamos que somos las pobres víctimas de la sociedad. Y creemos que somos tan importantes que todos están enfocados en nosotros, cuando la realidad es que estamos engrandeciendo nuestro sentido de víctima, porque siempre es más fácil juzgar a los demás por nuestro estancamiento que enfrentar la realidad.

En ese ciclo de falsa autocompasión, pensamos que el mundo está en nuestra contra. Y cada vez que alguien te confronta con la verdad, ya sea en un mensaje de una iglesia o en una conversación, un familiar, un amigo... vas a reaccionar impulsivamente porque te sientes atacado. Y en ocasiones así me sentía, especialmente en la iglesia, ya que la Biblia habla de todos esos pecados. A veces, salía del auditorio con la excusa de que tenía que ir al baño, cuando la realidad era que sólo quería huir de lo que me estaba confrontando. Pero, con el tiempo, Onis se dio cuenta y cada vez que quería huir, él tomaba mi mano y me decía: "Te amo. Te veo. Y no te juzgo". Y ese pequeño acto de gracia me recordaba que la verdad no solo expone nuestros errores, sino que la verdad también tiene el poder para sanar.

LA VERDAD REQUIERE GRACIA

Para poder caminar hacía la sanidad, la verdad debe estar acompañada por la gracia porque la verdad sin gracia destruye, y la gracia sin verdad carece de sentido. Jesús nunca ignoró la verdad sobre el pecado de las personas. Pero tampoco las dejó en su vergüenza. Lo vemos en la historia de la mujer sorprendida en adulterio. Los líderes religiosos la llevaron ante Jesús y le dijeron: "¡La ley dice que debe ser apedreada! ¿Qué dices tú?" Y Jesús, lleno tanto de verdad como de gracia, simplemente dijo: "El que esté libre de pecado, que arroje la primera piedra". La Biblia relata que, uno a uno, se fueron alejando. Y cuando solo quedaron Jesús y la mujer, Él la miró y le dijo: "¿Dónde están tus acusadores? ¿Ya nadie te condena?" Ella negó con la cabeza. Y él le respondió: "Yo tampoco te condeno". Y entonces, la verdad y la gracia se unieron en una sola, pero poderosa frase: "Vete y no peques más".

Él no ignoró su pecado, pero tampoco permitió que la vergüenza la definiera. Eso es lo que significa una verdadera redención. Eso es lo que la verdad y la gracia juntas producen.

CAMINANDO EN VERDAD Y GRACIA

Sé que el proceso de sanidad es doloroso, pero recuerda que cada día es un paso más hacia adelante. La sanidad toma tiempo. La verdad requiere valentía. Y la gracia exige humildad.

No puedo decirte que cada relación en tu vida se restaurará. Pero no pierdas la fe en Dios, ni en ti, ni en los demás. Quizás alguien en tu familia, en tu comunidad o en tu iglesia te señale o no te valore porque no entiende lo que es gracia, no sabe perdonar o está emocional y espiritualmente herido. Aunque esto no justifica su actitud, recuerda que debes mostrarles gracia porque, así como tú, ellos son imperfectos. La gracia no es solo para ser recibida, sino también para darla.

Aférrate a la verdadera gracia de Dios y compártela. La gente es gente y actuará como tal. Como todo humano, se equivocará porque no somos perfectos. No podemos esperar que actúen como ángeles. En algún momento te van a herir, y tú también a ellos.

Si estás en un proceso de restauración, ya sea personal, matrimonial, en tu fe o familiar, quiero que recuerdes:

- La verdad es necesaria, pero es dolorosa.
- La verdad sin gracia te derrumbará.
- La gracia sin verdad te engañará.
- La sanidad es posible, pero requiere de ambas: gracia y verdad

No tienes que temerle a la verdad porque la verdad te hará libre y la gracia de Dios te ayuda a caminar y te levantará cuando caigas. En Su verdad, nuestro fracaso no es el final, sino el punto de partida para una restauración que solo Él puede hacer. No importa dónde estés ni lo que hayas hecho, no estás demasiado roto ni demasiado sucio para volverlo a intentar. A Dios no le sorprende lo que hayamos hecho. Él no le tiene miedo a tu pecado. Hay mucha gente que piensa que Dios se avergüenza de nuestros errores. Al contrario, Cristo, en su amor y misericordia, tomó nuestro lugar muriendo en la cruz y allí cargó todos nuestros pecados. Por eso, Dios declara a los pecadores justos ante sí mismo, cuando tenemos fe en Jesucristo y en su sacrificio. Escúchame bien, no hay nada, absolutamente nada, tan sucio, tan roto o tan vergonzoso que Dios no pueda restaurar. Su gracia te está esperando para levantarte con su verdad.

CAPÍTULO 11

El Dios de las segundas oportunidades

LA CONFIANZA SE GANA, PERO LA GRACIA SE DA

Cuando era pequeña, mi mamá solía repetirme una y otra vez: "Confío en ti, pero si rompes esa confianza, será difícil recuperarla". Escuché esas palabras tantas veces mientras crecía que quedaron grabadas en mi mente. Ella no intentaba asustarme. Simplemente me estaba enseñando sobre la responsabilidad: el peso de las decisiones y las consecuencias de la desobediencia. Y lo entendí.

Sabía que ella me amaba. No importando si cometía errores. Pues, mientras fui creciendo, tomé malas decisiones y, aún así, ella siguió creyendo en mí. Sin embargo, al madurar y enfrentar la realidad, aprendí algo más: la confianza es frágil. Una vez rota, aunque no es imposible recuperarla, sí toma tiempo y mucho esfuerzo restablecerla. Eso lo experimenté en muchas ocasiones en mi vida... y me imagino que tú también. Todos en algún momento hemos cometido errores o le hemos fallado a alguien.

Cuando somos niños, romper la confianza significa cosas simples como: escribir las paredes con crayones o tomar una galleta extra cuando nadie estaba mirando. Pero a medida que crecemos, nuestros errores también son más grandes. Y el peso por haber defraudado la confianza de alguien es aún mayor. El miedo a decepcionar a las personas, de perder su respeto, de echar a perder algo que no se pueda reparar se hace más difícil de sobrellevar.

Cuando mi vida se vino abajo, cuando mi pecado quedó expuesto, ese miedo regresó con fuerza. Porque ahora, no se trataba solo de la confianza que había roto con las demás personas, sino que me preguntaba... ¿Rompí la confianza de Dios?

Si has perdido la confianza en alguien, alguien ha perdido la confianza en ti o tú has perdido la confianza en ti mismo, quiero que entiendas que "tus errores no cambian el carácter de Dios". Por eso su gracia no se gana, sino que es dada. En el capítulo anterior hablábamos de la verdad, y la verdad es que el carácter de Dios no cambia.

¿Puede Dios perder la confianza en mí?

Probablemente te has hecho la misma pregunta: ¿Aún confía Dios en mí? Has oído hablar del amor de Dios. Sabes que Él perdona, redime, restaura y levanta. Pero tratamos de analizarlo por lo que conocemos. No comprendemos que Él no es como nosotros. Nosotros podemos perder la confianza en las personas, pero Dios es perfecto e inmutable. Su amor, su gracia y su fidelidad también lo son. Sin embargo, en lo más profundo te sigues haciendo la misma pregunta. Y sigues atrapado en los mismos pensamientos: "Dios confió en mí una vez y lo defraudé. Dios tenía planes para mí y se los debe haber dado a otra persona". Es un pensamiento que te quita el sueño, una voz que te recuerda cada fracaso, una voz que te susurra que esta vez fuiste demasiado lejos y que Dios simplemente se cansó de darte nuevas oportunidades. Yo creí lo que me decían esas voces.

Durante meses, caminé preguntándome si había perdido la confianza que Dios tenía en mí. Sabía que Dios me había perdonado. Y que estaba caminando en el camino de la restauración. Pero pensaba que ya no sería la hija que había sido, sino que ahora me trataría como a una hija malcriada que había traído la deshonra a su familia. ¿Aún confiaba en mí, como lo había hecho antes? ¿Todavía podía usarme, como antes? Y entonces, un día, escuché una serie de mensajes del pastor Craig Groeschel. Él hablaba de la vida de Jonás y cambió por completo mi perspectiva de ver está historia. Me di cuenta que la historia de Jonás es mi historia... y quizá también sea la tuya.

Una y otra vez en la historia de Jonás veo cómo su error no cambió el carácter de Dios, pero sí cambió el carácter de Jonás. No cambió la confianza que Dios tenía en Jonás, pero sí cambió la confianza que Jonás tenía en Dios. Es que Dios no se deja llevar por nuestros errores porque aunque pequemos su amor por nosotros nunca cambia, es incondicional.

Aunque nuestras acciones pueden entristecerlo, Dios no pierde su confianza en sus hijos, porque su amor y su gracia son mayores que nuestras fallas y pecados. Por eso, siempre nos llama al arrepentimiento. El carácter de Dios se revela en quién es Él y en lo que hace. Tu error no cambia el carácter de Dios, pero sí cambia tu carácter. Tu error no cambia la confianza que Dios tiene en ti, pero sí cambia la confianza que tienes en Dios.

Tu error no cambia la confianza que Dios tiene en ti, pero sí cambia la confianza que tienes en Dios.

JONÁS: UNA HISTORIA DE REDENCIÓN

Si creciste en la iglesia, probablemente conozcas la historia de Jonás. Es una historia bíblica muy popular, una de esas que le contamos a los niños en los Estudios Bíblicos. Una historia de la cual hemos hecho manualidades, obras de teatro, una historia que hasta tiene una canción que aprendí cuando niña y nunca se me ha olvidado: "Jonás no le hizo caso a la Palabra de Dios. Por eso, al mar profundo la gente lo arrojó. Y vino un pez muy grande y, ¡pum!, se lo tragó. Porque no le hizo caso a la Palabra de Dios. Porque no le hizo caso a la Palabra de Dios".

Desde muy pequeños tendemos a enfocarnos en la desobediencia de la historia. Si le preguntas a la mayoría de las personas de qué trata la historia de Jonás, te dirán: "Oh, es sobre un hombre que desobedeció a Dios, fue tragado por un gran pez y, después de pedir perdón, el pez lo vomitó en la orilla".

Eso no es del todo incorrecto. Pero la historia de Jonás no se trata solo de su desobediencia. Se trata de la gracia implacable de Dios, de un Dios que no se rinde con nosotros. Se trata de un Dios de segundas oportunidades.

EL DIOS QUE PERSIGUIÓ A JONÁS

Dios le dijo a Jonás que fuera a Nínive y que predicara el arrepentimiento. Sin embargo, Jonás rechazó este llamado e intentó escapar de la misión que Dios le había propuesto. Jonás no quería ir a Nínive porque esa ciudad era conocida por su maldad y crueldad, y él no quería que Dios les mostrará misericordia. Paradójico, ¿verdad? Especialmente si recordamos lo que más adelante le ocurrió a Jonás. Pero así nos pasa constantemente a nosotros. Juzgamos a todos por sus errores y no nos damos cuenta que nosotros tampoco mereceremos la misericordia y la gracia de Dios.

Jonás en lugar de obedecer, se subió a un barco y navegó lo más lejos posible. Huyó, se escondió y pensó que podía escapar de Dios. Pero, ¿qué pasó después? Llegó una tormenta mientras estaba en el barco y los marineros entraron en pánico. Comenzaron a echar suerte entre ellos para ver quién era el culpable de esta desgracia. ¿Y sobre quién cayó la suerte? Tal como lo escuchaste: sobre Jonás. Por eso, en el capítulo anterior dije que la verdad eventualmente saldrá a la luz con o sin nosotros. Me imagino que Jonás pensó que estaba bien escondido de Dios y que nadie sabría de su desobediencia. Allí, lejos de su gente y de su ciudad, la verdad lo encontró.

Jonás, consciente de su culpa, hizo algo que admiro: asumió la responsabilidad. Enfrentó la verdad por más difícil que hubiera sido y le dijo a los marineros: "Tírenme al mar y la tormenta se detendrá". Y así lo hicieron. Dice la Biblia que de inmediato se calmó la tempestad. Pero mientras Jonás se hundía en las profundidades, Dios hizo algo inesperado.

Recuerda: "Tu error no cambia el carácter de Dios". Si Dios persiguió a Jonás en medio de la tormenta, créeme que él te va a encontrar a ti. No es casualidad que estés leyendo estas páginas. Es porque él te está persiguiendo porque te ama. Él no se rinde contigo. Dios no permitió que Jonás se ahogara en sus errores. Dios siempre busca atraernos hacia él para restaurarnos y guiarnos a su propósito.

LA BALLENA DE LA GRACIA

Durante años, veía a la ballena (al gran pez) como algo aterrador. Jonás desobedeció, así que Dios le envió un pez gigante para darle una lección. Sinceramente, las ballenas o los peces grandes son impresionantes. Los he visto en parques temáticos, pero si me encuentro con uno en el medio del mar, creo que moriría de susto. Y sería aún peor estar en el vientre de un animal. Debe ser asqueroso, oscuro y maloliente. Terrible, un lugar extremadamente desagradable, donde ninguno de nosotros quisiera estar. Seguramente Jonás se sintió angustiado pensando que sus probabilidades de vivir eran mínimas. En medio de esta situación, Jonás tuvo tiempo para reflexionar sobre sus acciones y arrepentirse de su desobediencia. A veces Dios permite que lleguemos a tocar fondo para que reflexionemos y nos arrepintamos.

Ahora, mientras medito en está fascinante historia, veo al gran pez de otra manera. La "ballena" no fue un castigo, fue un rescate... fue muestra de su gracia. La realidad es que, dentro de ese escenario natural, Jonás no tenía escape y su muerte era inminente. Se supone que muriera ahogado. No tenía probabilidad de vida en medio del mar. En cambio, Dios envió una forma inusual, incómoda e incluso repugnante para salvarlo. ¿Y no es así como Dios trabaja con nosotros? Él usa las maneras más inusuales para rescatarnos.

> *La "ballena" no fue un castigo, fue un rescate...*

A veces, las situaciones que creemos que son nuestros peores momentos resultan ser los mayores actos de misericordia de Dios, donde manifiesta su gracia y su misericordia a la máxima potencia. El gran pez fue el lugar que Dios escogió para rescatar a Jonás y demostrarle su gracia.

¡Piénsalo! Estaban en medio del océano, en plena tormenta. ¿Cuáles eran las probabilidades de que hubiera otro barco cerca dispuesto a rescatar a Jonás? Casi nulas. Probablemente, la única forma en que Dios podía salvarlo en ese momento era a través de este pez gigante. Esto me hace pensar en las veces que Dios nos llama a la obediencia, pero nosotros caminamos en la dirección completamente opuesta. Terminamos en lugares oscuros, lugares de destrucción, pecado, vergüenza y caos. Y aun así, la gracia de Dios se manifiesta haciendo lo inusual para rescatarnos. Detestamos el vientre de la ballena. Lo sentimos oscuro, incómodo, como si fuera el final. Pero lo que no siempre comprendemos es que, muchas veces, ese vientre que tanto rechazamos es precisamente el lugar donde Dios decide rescatarnos. No fue un castigo, fue una redirección. Fue ahí, en lo más profundo, donde Jonás tuvo el espacio para reflexionar, clamar y rendirse. Así actúa la gracia: nos encuentra en lo más bajo, no para dejarnos ahí, sino para prepararnos para lo próximo. A veces, lo que parece ser nuestra prisión es en realidad el vientre que Dios utiliza para protegernos. Dios no siempre usa barcos para salvarnos; a veces necesita usar ballenas.

> *...lo que parece ser nuestra prisión es en realidad el vientre que Dios utiliza para protegernos.*

Recuerdo cuando Onis me pedía que me mudara a Nueva York con él y aunque dentro de mí sabía que era lo correcto, yo no quería irme. Veía Nueva York como lo peor que podría pasarme: estar fuera de mi entorno, con gente extraña. Mudarme significaba enfrentar mis errores y echar a suerte lo que pasaría con mi vida. Pero como Dios es así, usa hasta las cosas más inusuales para cumplir su propósito en nosotros y llevarnos al arrepentimiento y a la restauración.

Lamentablemente, llegó el huracán María a Puerto Rico y me encontré entre la espada y la pared. No tuve opción, más que montarme en el avión que me vomitaría en New York. Sin saberlo, New York fue la ballena que yo necesitaba.

Imagino a Jonás viendo venir a ese pez gigante hacia él. Probablemente pensó: "Este monstruo me va a comer. Este será mi último día en la tierra". Tal vez cerró sus ojos y pidió perdón pensando que moriría. Pero algo maravilloso sucedió, cuando abrió sus ojos. No estaba muerto, estaba vivo dentro de la "ballena".

Hay muchas cosas que parecieran que nos han tragado, al igual que le pasó a Jonás. Cosas que tememos enfrentar, lugares en los que no queremos estar, personas con las que no queremos lidiar, consecuencias de nuestros errores que no podemos evitar. Una enfermedad, soledad, separación familia,… Y quizás piensas: "Dios, seguramente había una mejor manera".

Quizás ahora mismo te encuentras solo en tu apartamento, en tu casa, en tu habitación, sintiéndote abandonado y sin esperanza. Tal vez estás en una celda, mirando a tu alrededor y preguntándote: "¿Cómo llegué aquí?" Pero hay momentos en los que Dios tiene que usar peces grandes, aterradores y asquerosos para rescatarnos del infierno en el que estamos viviendo. A veces, la tormenta es la manera en que Dios nos redirige. Nos confronta con Su verdad y nos da una nueva esperanza. A veces, la ballena es la muestra de su gracia.

DIOS NO CAMBIÓ LA ASIGNACIÓN

Estando dentro del gran pez, la Biblia dice que Jonás se arrepintió e hizo una poderosa oración. Y lo maravilloso es que Dios lo escuchó. Dios no se arrepintió de haber llamado a Jonás, pero Jonás si se arrepintió de no haber obedecido a

Dios. Por eso digo que Dios no cambia su esencia, su carácter, pero si nos cambia a nosotros en el proceso.

Después de estar tres días en el vientre del pez, Dios le ordena al pez que escupiera a Jonás en la orilla. Te imaginas ser escupido y vomitado por un pez. Me imagino que el olor debe de ser horrible, porque después de haber estado 3 días en las entrañas de un pez, ese olor debe estar impregnado hasta en la piel. También me imagino estar cubierta de basura que tendría el pez en el estómago, imagínate tal escenario. ¡Qué escándalo!

Y entonces sucedió algo poderoso. En medio de ese panorama. Dios vuelve a hablarle a Jonás. No le dijo: "Bueno, Jonás, fallaste, así que enviaré a otra persona a Nínive." No.

Jonás 3:1-2 dice: "La palabra del SEÑOR vino a Jonás por segunda vez: 'Ve a la gran ciudad de Nínive y proclama el mensaje que te daré'". Quiero que prestes atención a está frase: "Por segunda vez". Le dijo las mismas palabras que le había dicho la primera vez. El mismo llamado. La misma misión. Jonás había cometido un gran error. Había desobedecido a Dios. Pero el plan de Dios no había cambiado.

Cuando llegamos a nuestro punto más bajo, y más vergonzoso, nos sentimos como lo peor de lo peor, pero aún así, Dios nos dice: "Todavía hay una segunda oportunidad". Cuando salimos de la "ballena", no es fácil porque nos sentimos expuestos. Hemos aceptado nuestro error, nos hemos arrepentido pero ahora la ballena nos ha esculpido y llevamos la evidencia impregnada en nosotros. Y cuando eso se expone, es vergonzoso y doloroso. Algunas personas no estarán dispuestas a ayudarte a levantarte y limpiarte, pero quiero recordarte algo: Dios no quiere que te quedes ahí. Él no quiere que permanezcas en la suciedad, en el dolor, roto. Su abundante misericordia y gracia te están llamando por segunda vez, tal como lo hizo con Jonás.

DIOS AÚN TE AMA

Esto es lo que quiero que entiendas: Dios aún quiere usarte, te necesita, cuenta contigo. Sí, cometiste errores. Sí, tienes un pasado. Sí, huiste. Pero Dios sigue invitándote a regresar a Su gracia... ¡Dios sigue llamándote! De la misma manera que llamó a Jonás por segunda vez, Él te vuelve a llamar. Tu fracaso no cancela tu llamado. Tu pecado no borró tu propósito. Tu historia aún no ha terminado.

SEGUNDAS OPORTUNIDADES

La historia de Jonás no es la única. La Biblia está llena de historias de segundas oportunidades.

- El hijo pródigo se fue de casa, desperdició todo y regresó arrastrándose. Pero su padre corrió hacia él y lo recibió con los brazos abiertos.
- Pedro negó a Jesús tres veces, pero Jesús lo restauró y convirtió su proclamación de fe en la base de la iglesia.
- Pablo persiguió a los cristianos, y Dios lo transformó en uno de los más grandes apóstoles de la historia.
- Moisés mató a un egipcio y huyó al desierto, pero más tarde Dios lo llamó para liderar a Israel y sacarlo de la esclavitud.
- David cometió adulterio con Betsabé y arregló la muerte de su esposo, pero después de un arrepentimiento sincero, Dios lo perdonó y continuó Su pacto con él.
- Nadie está demasiado lejos para Dios: ni Jonás, ni Pedro, ni David, ni Pablo, ni tú, ni yo.

La gracia es una invitación a la transformación.

¿QUÉ HARÁS CON TU SEGUNDA OPORTUNIDAD?

Jonás no solo recibió una segunda oportunidad. Tuvo que actuar en consecuencia para demostrar con sus acciones que valoraba la segunda oportunidad y que estaba dispuesto a cumplir con la voluntad de Dios. Tuvo que levantarse, sacudirse la vergüenza y caminar en obediencia. Lo mismo aplica para nosotros. La gracia no es una excusa para seguir siendo los mismos. La gracia es una invitación a la transformación. Tal vez hoy, Dios te está hablando por segunda vez. Tal vez hoy, Él te está diciendo: "Levántate. No he terminado contigo. Ponte de pie. Aún hay trabajo por hacer. Mi llamado no ha cambiado".

La pregunta es, ¿le creerás? Porque tu pasado no te descalifica. Solo tu falta de disposición para obedecer lo hace.

Sí, Dios es todopoderoso, pero no obliga a nadie a amarlo ni a seguirlo, sino que nos da la libertad de decidir si aceptamos su llamado. Esa segunda oportunidad requiere acción de nuestra parte. Depende de nosotros aceptarla y cambiar nuestro camino o rechazarla y enfrentar las consecuencias. Cuando Dios llamó a Jonás por primera vez, le dijo: "Levántate y ve a Nínive". Pero Jonás se levantó y corrió en dirección contraria, hacia Tarsis, huyendo de Dios. Fíjate en esto: Dios le habló, y Jonás tomó la acción equivocada. Entonces, cuando Dios le habla por segunda vez, le dice lo mismo: "Levántate y ve a Nínive." Pero la Biblia dice que esta vez "Jonás se levantó y fue a Nínive, obedeciendo la palabra del SEÑOR".

Dios le habló de manera sobrenatural en ambas ocasiones. Pero fue la acción de Jonás la que determinó si iba a seguir en desobediencia o en obediencia. La primera vez, se levantó para huir, pero la segunda vez se levantó para obedecer. Y así pasa en tu vida. Dios te habla por segunda vez y te pregunta: ¿Qué harás con tu segunda oportunidad?

LEVÁNTATE Y CAMINA

Jonás se levantó. Caminó en obediencia y Dios lo usó poderosamente. Es tiempo de que tú hagas lo mismo. Levántate. Sacúdete. ¡Corre al Padre! Porque Él es el Dios de las segundas oportunidades y está llamándote por segunda vez.

CAPÍTULO 12

Caminando en gracia

LA VERDADERA GRACIA NO ES UNA EXCUSA

Antes de continuar, quiero dejar algo claro. La verdadera gracia no es una excusa para seguir pecando, sino un llamado a la transformación. No se trata de encubrir fallas para proteger reputaciones, instituciones iglesias, familias. No se trata de mirar hacia el otro lado para evitar conversaciones incómodas. No se trata de ignorar heridas y fingir que no existen. Eso no es gracia, sino complicidad, y la complicidad nunca conduce a la libertad; conduce a la esclavitud y a la destrucción. Las personas enfermas no sólo lastiman a otros o afectan instituciones, sino que también enseñan, consciente o inconscientemente, a adaptarse a su dolor, normalizando el pecado y el silencio en nombre de una reputación.

He visto iglesias, instituciones, ministerios, familias donde el pecado se esconde en lugar de ser confrontado. Líderes protegidos, no porque se hayan arrepentido, sino porque se piensa que exponer la verdad habría sido "demasiado perjudicial" para la imagen de la iglesia. También he visto las ruinas que deja esto a su paso. Porque lo que se esconde en la oscuridad tarde o temprano sale a la luz, con o sin nuestra ayuda. Y lo que no se sana, inevitablemente termina contaminando todo lo que toca.

La gracia que ignora el pecado no es gracia bíblica. Es una acción carnal.

La verdadera gracia no oculta el pecado, sino que lo confronta con amor y verdad. "Por medio de Moisés recibimos la ley, mientras que por medio de Jesucristo recibimos el amor y la verdad" Juan 1:17 NBD.

> *La gracia que ignora el pecado no es gracia bíblica. Es una acción carnal.*

UNA EXPIACIÓN COMPLETA: PASADO, PRESENTE Y FUTURO

Cuando Jesús sacrificó su vida en la cruz, logró algo más grande de lo que nuestra mente puede comprender. Su muerte y resurrección no solo pagaron por los pecados que éramos conscientes de tener al momento de nuestra salvación, sino que también hicieron expiación (el acto de pagar o cancelar la culpa producida por el pecado para restablecer la relación rota entre una persona y Dios) por la totalidad de nuestra condición pecaminosa: nuestros pecados pasados, presentes y futuros.

"Pues la voluntad de Dios fue que el sacrificio del cuerpo de Jesucristo nos hiciera santos, una vez y para siempre". Hebreos 10:10 NTV.

El sacrificio de Jesús fue una vez y para siempre. No fue un remedio temporal ni parcial. Fue completo. Esto nos revela dos verdades fundamentales:

1. Dios sigue siendo justo — Dios no ignoró nuestro pecado ni bajó sus estándares. No cambió Su carácter.

2. Dios abrió un camino — Dios satisfizo las demandas de la justicia a través de Jesús, para que la misericordia pudiera llegar a nosotros sin comprometer Su santidad.

Romanos 3:25-26 NTV lo explica maravillosamente: "Pues Dios ofreció a Jesús como el sacrificio por el pecado. Las personas son declaradas justas a los ojos de Dios cuando creen que Jesús sacrificó su vida al derramar su sangre. Ese sacrificio muestra que Dios actuó con justicia cuando se contuvo y no castigó a los que pecaron en el pasado, porque miraba hacia el futuro y de ese modo los incluiría en lo que llevaría a cabo en el tiempo presente. Dios hizo todo eso para demostrar su justicia, porque él mismo es justo e imparcial, y a los pecadores los hace justos a sus ojos cuando creen en Jesús".

Dios no "miró para otro lado" respecto a nuestros pecados. Los enfrentó de manera justa, por medio de Jesús. Muchas personas piensan erróneamente que, por causa de la gracia, Dios "bajó" Sus estándares. Pero las Escrituras nos muestran que Dios sigue demandando santidad. "Pero ahora sean santos en todo lo que hagan, tal como Dios, quien los eligió, es santo. Pues las Escrituras dicen: «Sean santos, porque yo soy santo»" 1 Pedro 1:15-16 NTV.

La diferencia es que ahora, gracias a Jesús, no buscamos la santidad para ganarnos la salvación. Perseguimos la santidad como una respuesta a la salvación, fortalecidos por el Espíritu Santo, y movidos por amor y gratitud.

La cruz no es una licencia para vivir en pecado; es una invitación a vivir en libertad, anclados en la gracia, pero impulsados por el amor a buscar la santidad que Dios aún desea. Jesús lo pagó todo —pasado, presente y futuro— para que podamos caminar con valentía en el perdón y con humildad en la justicia.

GRACIA TRANSFORMADORA, NO PERMISIVA

Pablo hizo una profunda pregunta en Romanos 6:1-2 NIV: "¿Vamos a persistir en el pecado para que la gracia abunde", y de inmediato respondió: "¡De ninguna manera! Nosotros, que hemos muerto al pecado, ¿cómo podemos seguir viviendo en él?" La verdadera gracia no es un permiso para seguir pecando. La verdadera gracia nos motiva a cambiar y a crecer.

Efesios 4:22-24 NTV dice: "Desháganse de su vieja naturaleza pecaminosa y de su antigua manera de vivir, que está corrompida por la sensualidad y el engaño. En cambio, dejen que el Espíritu les renueve los pensamientos y las actitudes. Pónganse la nueva naturaleza, creada para ser a la semejanza de Dios, quien es verdaderamente justo y santo".

Esta es la gracia que renueva. Esta es la gracia que restaura. Esta es la gracia que nos hace libres. La gracia de Dios nunca dice: "Está bien, sigue haciendo lo que haces". La gracia de Dios te dice: "Ven tal como eres, pero no te quedes como estás".

TENTADOS, PERO NO ESCLAVIZADOS

Recuerdo una conversación con una mujer que me compartía su lucha con la pornografía. Con tristeza en sus ojos, me dijo: "Diane, creo que sigo pecando porque, aunque trato de alejarme, los pensamientos siguen viniendo a mi mente y me tientan a volver. Pero tú... tú te ves tan fuerte ahora, y yo sigo atrapada en esta batalla". La miré con compasión y le respondí: —¿Acaso crees que yo ya no soy tentada?

Mientras vivamos en este cuerpo mortal, seremos tentados una y otra vez. Desde las tentaciones más inocentes hasta las más oscuras. Pero hay una gran diferencia entre ser tentado y ceder a la tentación. La tentación puede llamar a la puerta, pero en Cristo, tú tienes el poder de no abrirle. La verdad es que no podemos evitar que los malos pensamientos lleguen a nuestra mente, pero sí podemos impedir que se alojen ahí.

No se trata solamente de dejar una conducta, sino de abrazar una nueva vida. Cada día elijo caminar cerca de Dios. Cada día elijo decirle no a la tentación. Y con cada decisión correcta, Dios me hace más fuerte. No porque las tentaciones desaparezcan, sino porque aprendo a depender más de Su gracia y poder. Aprendí a reemplazar los patrones de pensamientos que me llevaban a pecar por la verdad de Dios que encuentro en su Palabra. Eso es renovar la mente.

Es como cuando decides cambiar tu alimentación. Al principio, la comida saludable no parece tan atractiva, pero con el tiempo tu cuerpo se adapta, comienzas a ver resultados y, eventualmente, empiezas a desear lo que antes rechazabas. Así mismo sucede con nuestros deseos carnales. Cuando decidimos alimentar nuestra alma con la verdad de Dios, nuestro espíritu se fortalece y la tentación pierde su dominio sobre nosotros.

Hace unos años, asistí a una conferencia en Estados Unidos donde un hombre dinámico y cautivador compartió su testimonio. En medio de su mensaje, dijo algo que dejó a todos en silencio: "Ustedes me ven aquí, predicando con fe, casado con una hermosa mujer y con dos hijas, pero no imaginan que fui homosexual por 20 años de mi vida".

El auditorio quedó sorprendido. Para muchos, era difícil imaginar que este hombre había vivido ese estilo de vida durante tanto tiempo. Pero lo que dijo después fue aún más impactante: "Y si piensas que ya no lucho con esos pensamientos, estás equivocado. Todos los días tengo que renovar mi mente y someter mis pensamientos a Cristo".

Sus palabras me confrontaron. Ser libre no significa no ser tentado. Ser libre significa que la tentación ya no tiene el poder de gobernarte. Hoy, puedo decir con certeza que Dios me ha liberado de mi pasado. Sin embargo, eso no significa que las tentaciones hayan desaparecido por completo. Pero cada vez que llegan, recuerdo que ya no soy esclava de ellas. Porque mi identidad no está en mi pasado, ni en mis pensamientos, ni en mis debilidades. Mi identidad está en Cristo. Él es quien me nombra, quien me viste de gracia y quien me da un propósito que no depende de mis logros ni de mis fracasos. Cuando entiendo esto, dejo de vivir intentando reparar una imagen rota y empiezo a vivir desde el nombre que Él ya me dio: hija, amada y perdonada. Como dice una hermosa canción: "Yo solo sé que yo soy Su hijo, y Él eres mi Padre, y Padre me ama".

Y lo mismo es cierto para ti: ser tentado no significa que estás atado. La tentación no define tu condición espiritual ni anula tu libertad. Ser tentado no te hace esclavo. Lo que define tu libertad no es la ausencia de lucha, sino la presencia de Cristo en medio de ella. En Él eres libre, incluso cuando la tentación golpea fuerte. Porque tu identidad no está en la batalla que enfrentas, sino en la victoria que ya fue ganada por ti en la cruz. Tú eres libre en Cristo, y nada puede cambiar eso.

LA TENTACIÓN

La tentación es un intento de inducir a una persona a pecar o desobedecer a Dios. Puede venir del enemigo (Satanás), del mundo o de nuestros propios deseos.

Quiero compartirte algunas cosas que aprendí acerca de la tentación.

1. **La tentación suele disfrazarse de aquello que te resulta familiar, presentándose de maneras que no parecen una amenaza.**

Adán y Eva (Génesis 3:1-6) – Satanás tentó a Eva en el Edén para que desobedecieran a Dios.

Algo fascinante de esta historia es que, cuando Satanás tentó a Eva a través de la serpiente, ella no sintió temor. Piensa en esto: si yo escuchara a una serpiente hablándome, me moriría de terror. Y creo que tú también. Pero Eva, en lugar de asustarse, siguió conversando con ella como si fuera lo más normal del mundo.

Esto nos lleva a preguntarnos: ¿Cómo pudo Eva hablar con una serpiente sin inmutarse? Aunque existen diversas teorías teológicas al respecto, creo que una posible razón es que ella estaba acostumbrada a comunicarse con los animales. Ya sea de manera sobrenatural, mediante una forma distinta de comunicación, o incluso de manera simbólica, lo cierto es que para Eva no era extraño. Por eso, cuando la serpiente se le acercó, no vio una amenaza, sino algo familiar.

El enemigo es astuto y nos tienta con lo conocido. El mal no se manifiesta de manera obvia. La tentación, se presenta a través de lo que nos resulta familiar, cómodo, inocente y hasta normal.

Muchos cristianos creen erróneamente que toda distracción contra la que deben luchar será algo negativo: un hábito dañino, una obvia oportunidad que los aleje de Dios o una tentación claramente destructiva. Sin embargo, esto no siempre es así. A veces, las distracciones más peligrosas no vienen en forma de pecado o maldad evidente, sino disfrazadas bajo apariencias positivas o buenas: una oportunidad emocionante, una meta personal, un compromiso bien intencionado.

En mi caso, mi lucha con la promiscuidad y el coqueteo era algo que había estado presente en mi vida desde muy joven. *Flirtear* (coquetear) con otras personas no me parecía algo peligroso porque siempre había sido parte de mi personalidad coqueta. Pero así es como operan las tentaciones: comienzan de manera sutil e "inofensiva", hasta que, sin darte cuenta, has cruzado límites que nunca pensaste traspasar. Cada pequeño paso en su dirección te va inclinando más y más, hasta que terminas completamente envuelto en aquello que creías poder controlar.

Por eso hoy te pregunto: ¿Qué serpientes están hablándote en este momento? ¿Qué voces parecen familiares, pero te están llevando por un camino que compromete tu integridad?

2. La tentación en sí misma no es pecado, pero ceder a ella sí lo es.

Estoy segura de que has escuchado la historia de cuando Jesús fue tentado. Sí, Jesús mismo enfrentó la tentación, pero nunca pecó (Mateo 4:1-11, Hebreos 4:15). Esto nos deja una lección importante: ser tentado no significa que has fallado; ser tentado significa que eres humano. La clave no está en evitar por completo la tentación—porque es inevitable—sino en cómo respondes a ella.

Así que, si alguna vez has sentido culpa por ser tentado, quiero decirte que no tienes por qué cargar con ese peso. Lo que realmente importa es lo que decides hacer en ese momento de prueba.

Me gustaría compartir contigo herramientas prácticas para que la tentación se quede en eso—una prueba pasajera—y no se convierta en pecado. Porque sí, con la ayuda de Dios, es posible vencer.

HERRAMIENTAS PARA VENCER LA TENTACIÓN:

1. Reconocer tus debilidades

Después de Dios, nadie te conoce mejor que tú mismo. Por eso es fundamental que reconozcas tus debilidades y ser consciente de las áreas donde eres más vulnerable. No todas las personas enfrentan las mismas tentaciones ni tienen las mismas luchas. Lo que para algunos es inofensivo, para otros puede ser un terreno peligroso.

Por ejemplo, alguien que lucha con la lujuria podría encontrar difícil ir a la playa sin sentirse tentado. Pero eso no significa que ir a la playa sea un pecado. Simplemente, esa persona debe tomar precauciones para no exponerse a una situación que ponga en riesgo su dominio propio. He visto cómo muchas personas convierten sus propias debilidades en doctrinas, imponiéndolas a los demás. Sin embargo, la clave no es hacer reglas universales o mucho menos doctrinales basadas en nuestras luchas, sino en reconocer nuestras propias áreas de vulnerabilidad y evitar aquello que nos pueda hacer caer.

Un concepto muy popular en estos tiempos es la inteligencia emocional, que es la capacidad de reconocer, comprender y manejar nuestras emociones de manera saludable. Esto nos ayuda a tomar mejores decisiones y a fortalecer nuestras relaciones. Sin embargo, aunque este término parece moderno, la Biblia ha enseñado sobre estos principios desde hace miles de años.

De hecho, yo lo relaciono con lo que llamo "el fruto olvidado", que es el dominio propio. En Gálatas 5:22-23 se menciona el fruto del Espíritu: "En cambio, el fruto del Espíritu es amor, alegría, paz, paciencia, amabilidad, bondad, fidelidad, humildad y dominio propio. No hay ley que condene estas cosas" Gálatas 5:22-23 NVI.

Si te das cuenta, el dominio propio es el último de la lista y, lamentablemente, también es el menos mencionado en predicaciones y enseñanzas. Pero su importancia es enorme. El dominio propio es lo que nos permite vencer la tentación y vivir conforme a la voluntad de Dios.

EL DOMINIO PROPIO

El dominio propio es la capacidad de controlar nuestros pensamientos, emociones y acciones, en lugar de dejarnos llevar por impulsos o deseos momentáneos. Nos ayuda a romper el ciclo de la tentación, que comienza con un pensamiento, sigue con una emoción y culmina en una acción equivocada.

Algunas características claves del dominio propio son:

1. Control de emociones y reacciones

"Más vale ser paciente que valiente; más vale el dominio propio que conquistar ciudades" Proverbios 16:32 NVI.

2. Disciplina y autocontrol

"Todos los deportistas se entrenan con mucha disciplina. Ellos lo hacen para obtener una corona que se echa a perder; nosotros, en cambio, por una que dura para siempre. Así que yo no corro como quien no tiene meta; no lucho como quien da golpes al aire. Más bien, golpeo mi cuerpo y lo domino, no sea que después de haber predicado a otros, yo mismo quede descalificado" 1 Corintios 9:25-27 NVI.

3. Resistencia a la tentación

"En verdad, Dios ha manifestado a toda la humanidad su gracia, la cual trae salvación y nos enseña a rechazar la impiedad y las pasiones mundanas. Así podremos vivir en este mundo con dominio propio, justicia y devoción" Tito 2:11-12 NVI.

He escuchado a muchas personas decir: "No puedo controlar mis malos deseos", "Es demasiado difícil vencer mi adicción", "No sé cómo dominar mis impulsos". Ya sea que luchen con el chisme, la violencia, la lujuria, el enojo, el adulterio, creen que no hay salida. Pero la verdad es que sí se puede. El pecado no es una identidad; es una condición. No es un nombre que Dios nos haya dado, sino una distorsión de la imagen que Él puso en nosotros. El problema es que, cuando fallamos, el enemigo intenta convencernos de que nuestro pecado es lo que somos, no solo lo que hicimos. Pero la verdad es que el pecado puede ser perdonado, y nuestra identidad puede ser restaurada. No somos mentirosos, ladrones, adúlteros o fracasados por naturaleza; somos hijos e hijas de Dios.

Lo digo con seguridad porque lo he vivido. Por mucho tiempo busqué validación en las personas y traté de llenar mi vacío con placeres temporales. Cada aventura, cada pecado, era un escape de la realidad. Y sé lo difícil que es resistirse cuando todo tu cuerpo, tu mente y tus emociones te gritan lo contrario. Cuando la vida te hiere, es fácil buscar refugio en lo que nos da un alivio momentáneo. Pero Dios me trajo hasta aquí para decirte que sí, es posible vencer la tentación.

EL DOMINIO PROPIO: UN REGALO DE DIOS

Es importante entender que el dominio propio no es sólo fuerza de voluntad. Tampoco es ignorar lo que sientes, sino que validar que eres humano pero que no estás sólo. Porque no es algo que logramos por nosotros mismos, sino un fruto que crece cuando permitimos que el Espíritu Santo transforme nuestro corazón. Dios ya nos ha dado dominio propio; solo necesitamos ejercitarlo y darle oportunidad para que dé fruto en nosotros.

Si nuestras emociones están enfermas, inevitablemente nuestras acciones también lo estarán. El problema no son las emociones en sí, porque Dios nos creó con la capacidad de sentir. El verdadero problema surge cuando permitimos que nuestras emociones se contaminen, se desordenen o se enfermen, porque entonces ellas empiezan a gobernar nuestra vida en lugar de servir como una señal para llevarnos a Dios.

> *Si nuestras emociones están enfermas, inevitablemente nuestras acciones también lo estarán.*

Pero la buena noticia es que Dios nos da la capacidad de renovar nuestra mente y sanar nuestras emociones. No de ser dominados por nuestras emociones, sino de dominar nuestras emociones con su poder.

No permitas que tus emociones determinen tus decisiones, y tus decisiones determinen el rumbo de tus acciones. Tus emociones no dictan la presencia de Dios, es su presencia la que dicta tus emociones.

2. La segunda herramienta para vencer la tentación es tener cuidado con lo que ves y con lo que escuchas.

Jesús dijo: "Tu ojo es como una lámpara que da luz a tu cuerpo. Cuando tu ojo está sano, todo tu cuerpo está lleno de luz; pero cuando tu ojo está enfermo, todo tu cuerpo está lleno de oscuridad. Y si la luz que crees tener en realidad es oscuridad, ¡qué densa es esa oscuridad!" Mateo 6:22-23 NTV.

La era digital en la que vivimos nos da acceso global, y tal parece que podemos tener el mundo a nuestro alcance cuando queramos. El acceso a la información y al entretenimiento nunca ha sido tan fácil. Hay un sinfín de contenido bueno y edificante, pero también una cantidad abrumadora de contenido que puede alimentar nuestros deseos más oscuros sin que nadie se entere. Con solo un clic, puedes exponerte a imágenes, videos y mensajes que avivan pasiones desordenadas, ya sean sexuales, adicciones, violencia, soberbia, enojo, chisme, envidia o incluso sentimientos de depresión y ansiedad.

Vivimos en un mundo que ha normalizado el caos, la oscuridad y el pecado. Un sistema que ha perdido de vista lo bueno, lo puro y lo verdadero; que alimenta constantemente la ira, la envidia, la lujuria y la codicia. Esto se refleja en los medios que consumimos y en las conversaciones que escuchamos y que tenemos a diario.

La sociedad celebra lo que antes se consideraba vergonzoso, y ridiculiza los valores. Nos incitan a reaccionar con odio, a competir por aprobación, a vivir con ansiedad, a vivir en depresión y a construir tu identidad basada en *likes* y validación externa.

Por eso, es crucial que tengas cuidado con lo que ves. No se trata solo de evitar lo malo de manera superficial, sino de reconocer que lo que consumes moldea tus pensamientos, tus emociones y, eventualmente, tus acciones. No puedes jugar con lo que tiene el potencial de destruirte. Tal vez al principio parezca inofensivo, pero tarde o temprano tendrá un efecto en tu mente y en tu corazón. No entretengas el pecado, córtalo de raíz.

No puedes jugar con lo que tiene el potencial de destruirte.

Lo mismo sucede con lo que escuchamos. La Biblia dice: "Así que la fe viene por oír, es decir, por oír la Buena Noticia de Cristo" Romanos 10:17 NTV.

Lo que entra por nuestros oídos alimenta nuestra fe o la debilita. Hace unos años, cuando empecé a comprometer mi integridad, trabajaba en un lugar lejos de casa. Durante mis viajes en el auto, comencé a escuchar una emisora de radio en Puerto Rico cuyo contenido era vulgar, lleno de chistes de doble sentido y bromas que celebraban la infidelidad. Día tras día, sin darme cuenta, fui exponiendo mis oídos y mi mente a esas ideas. Lo que antes veía como incorrecto, empezó a parecerme normal y hasta gracioso. Esas voces comenzaron a nublar mi fe.

Es por eso que la Biblia nos advierte que tengamos cuidado con lo que escuchamos. Las palabras tienen poder. Pueden edificar tu vida espiritual o, por el contrario, alejarte de Dios. Las conversaciones que tienes con tus amigos, compañeros de trabajo, la música, las redes sociales y los medios de comunicación que consumes impactan tu corazón y tu relación con Dios más de lo que imaginas.

Hoy te invito a responder con honestidad a esta pregunta: ¿A qué le estás prestando tus ojos y tus oídos? Dios nos ha dado discernimiento para filtrar lo que vemos y escuchamos. No alimentes tu alma con cosas que debilitan tu fe. En su lugar, busca palabras que edifiquen, que te acerquen a Su presencia y que te fortalezcan espiritualmente.

Pídele al Señor que te ayude a discernir todo lo que entra en tu corazón a través de tus ojos y oídos, porque de ello dependerá la luz que ilumina tu vida.

Aunque el mundo gire alrededor de lo malo, tú puedes decidir alrededor de qué girará tu vida. No tienes que vivir influenciado por la oscuridad. Puedes ser parte de los que traen el cielo a la tierra.

3. La tercera herramienta para vencer la tentación es: No juegues con los límites.

Desde niños, hay algo en nosotros que nos impulsa a desafiar los límites. Nos intriga el peligro. Queremos tocar el fuego, acercarnos lo más posible a la llama sin quemarnos. Pasamos la mano rápidamente sobre una vela encendida, sintiendo el calor sin sufrir daño, y eso nos hace sentir invencibles. Pero con el tiempo, esos límites cambian.

Ya no es una vela. Ahora es "solo" una conversación inocente, "solo" un episodio de una serie cuestionable, "solo" una salida a escondidas, "solo" un mensaje de texto a la persona equivocada, "solo" una pastilla. Jugamos con los límites sin darnos cuenta de que, tarde o temprano, el fuego nos alcanza.

Pero en la Biblia encontramos la historia de un hombre que no entretuvo los límites, sino que huyó de ellos.

En Génesis 39:6-12, José, un joven íntegro y fiel, servía en la casa de Potifar, un oficial egipcio. La esposa de Potifar —quien, sin duda, debió ser una mujer hermosa y seductora— intentó una y otra vez atraerlo a la tentación. Pero José no jugó con el fuego. No entretuvo la posibilidad. Él vio la tentación por lo que era: una bandera roja que lo conduciría a pecar contra Dios.

Un día, ella lo tomó de su manto y trató de forzarlo a acostarse con ella. José no se quedó a negociar con la tentación. No intentó razonar con ella. No se justificó ni trató de manejar la situación. Simplemente huyó. Dejó su manto en la mano de ella y salió corriendo.

"Él dejó su ropa en las manos de ella, y huyó y salió fuera" Génesis 39:12 RVR.

José entendió algo clave: la tentación pierde su poder cuando dejamos de entretenerla. A veces, creemos que podemos manejar el pecado, que podemos acercarnos lo suficiente sin que nos haga daño. Pero esa es una de las armas más sutiles y peligrosas de Satanás: hacernos creer que podemos acercarnos al fuego lo suficientemente cerca sin quemarnos. Nos hace creer que podemos controlar la tentación, que un pequeño compromiso no hará daño. Nos convence de que podemos coquetear con el pecado sin consecuencias, que podemos mantener un pie en la luz y otro en la oscuridad. Pero el enemigo sabe que el fuego, por más pequeño que parezca, termina consumiendo todo a su paso. Lo que comienza como un juego inocente, termina encadenándonos. La mejor manera de vencer la tentación no es tratar de controlarla, sino huir de ella. No cedas. No negocies. No juegues con fuego. Porque quien juega con fuego, eventualmente se quema.

La tentación pierde su poder cuando dejamos de entretenerla.

Dios nos llama a vivir con sabiduría y dominio propio. No pongas a prueba tus propios límites. No te acerques al borde del abismo pensando que nunca caerás. Corta con lo que puede alimentar tu vieja vida. Si sabes que algo puede hacerte tropezar, aléjate. Corre. No juegues con el fuego del pecado... apártate antes de que te consuma.

4. La cuarta herramienta para vencer la tentación es: orar, caminar con Dios y usar Su Palabra.

Cuando Jesús enseñó a orar a sus discípulos, incluyó esta poderosa petición en la oración del Padre Nuestro: "No nos metas en tentación, mas líbranos del mal" Mateo 6:13 RVR.

Qué increíble es que Jesús, siendo perfecto y sin pecado, nos dejó estas palabras para seguir como ejemplo. En su compasión y amor, reconoció la fragilidad humana y nos enseñó que necesitamos ayuda para resistir la tentación. Si Él, siendo Dios, nos dejó esta oración como referencia, ¿cuánto crees que la necesitamos?

Esta petición es un recordatorio de nuestra dependencia total de Dios. Nos hace conscientes de nuestra debilidad y nos lleva a buscar Su fortaleza. Nos recuerda que no podemos vencer la tentación por nuestras propias fuerzas, pero sí con Su ayuda. Cuando oramos de está manera, le pedimos a Dios que:

- Nos fortalezca y nos aleje del pecado.
- Nos ayude a reconocer nuestras debilidades
- Nos ayude a discernir para no exponernos a situaciones comprometedoras.

Orar (hablar con Dios) nos mantiene humildes, reconociendo que sin Dios somos vulnerables, pero con Él podemos vencer cualquier tentación.

CAMINAR CON DIOS

Conocer a alguien es una cosa, pero caminar junto con esa persona es algo completamente diferente. Cuando mi esposo y yo éramos novios, nos conocíamos. Pero ahora, después de 15 años de matrimonio, caminamos juntos. Nos levantamos, dormimos y soñamos juntos. Nuestra relación ha crecido con el tiempo y la cercanía.

Así mismo debemos caminar con Dios. La mayor evidencia de fe que el mundo puede ver en ti no está solo en cuánto sabes acerca de Dios, sino en cómo vives cada día dependiendo de Él. No se trata solo de conocimiento, sino de una relación genuina que transforma tu forma de caminar, decidir y enfrentar la vida.

Cuando caminas con Dios, tu vida entera es transformada:

- Te da propósito y dirección.
- Te llena de paz y consuelo.
- Te fortalece para enfrentar las pruebas.
- Te ayuda a vivir en obediencia y santidad.
- Te da sabiduría para resistir la tentación.

En un mundo donde buscamos placeres inmediatos, Jesús nos llama a buscar lo eterno. No te voy a mentir, no es el camino más fácil, pero te aseguro que es el único que lleva a un destino glorioso. Tu fe no es un camino hacia Dios, tu fe es un camino con Dios.

*Tu fe no es un camino hacia Dios,
tu fe es un camino con Dios.*

LA PALABRA DE DIOS, TU ARMA

Cuando Jesús fue tentado en el desierto, no discutió con el enemigo, no debatió, ni se justificó. Él simplemente declaró la Palabra de Dios: "Escrito está..." Mateo 4:4 NIV.

En el tiempo de Jesús, acceder a las Escrituras no era tan sencillo como abrir un libro o una aplicación en el teléfono. Las copias eran escasas y estaban escritas en antiguos rollos que se guardaban en las sinagogas. Para conocerlas, había que escucharlas, memorizarlas y atesorarlas en el corazón. Y sin embargo, Jesús nos mostró algo poderoso: la Palabra de Dios es nuestra mejor arma contra la tentación. Cuando el enemigo intentó desviarlo en el desierto, Jesús no usó argumentos humanos ni fuerza física; usó la Palabra.

Leer la Biblia no puede ser una tarea más en nuestra agenda. Ni limitarse a un servicio en la iglesia. Meditar en su Palabra tiene que ser nuestro estilo de vida.

Es fácil consumir contenido cristiano a través de devocionales, podcasts y versículos diarios en las redes sociales. Pero un versículo ocasional no te va a sostener en el momento de la tentación.

Si realmente quieres conocer a Dios, tienes que conocer Su Palabra.

Si realmente quieres vencer la tentación, necesitas conocer Su Palabra.

Si realmente quieres renovar tu mente y cambiar tu vida, necesitas conocer Su Palabra.

Haz esto:

1. Tómate un tiempo. Cierra los ojos y pídele al Espíritu Santo que renueve en ti el deseo por Su Palabra.

2. Escribe lo que Dios te habla. Usa una libreta o notas en tu celular para que escribas lo que estás aprendiendo. Y lo que Dios te está diciendo.

3. Estudia lo que la Biblia dice sobre lo que escuchas. No te quedes solo con una enseñanza o un versículo. Busca lo que Dios quiere hablarte y enseñarte a ti. Sé curioso con Su Palabra.

"... y tomen la espada del Espíritu, la cual es la palabra de Dios" Efesios 6:17 NTV.

La Palabra de Dios es tu espada contra las mentiras del enemigo. La mentira es su especialización. Por eso, si la estrategia principal de Satanás es la mentira, nuestra mejor defensa es la verdad de la Palabra de Dios. Declárala sobre tu vida. Proclámala sobre tus pensamientos. Cuando el diablo quiera robarte la paz, manipular tus emociones y despertar pasiones, recuérdale la Palabra.

No permitas que la voz del enemigo te controle. Usa la Palabra de Dios para controlarlo a él.

5. La quinta herramienta para vencer la tentación es: ¡No guardes silencio!

¿Por qué será que, cuando más estamos sufriendo, más nos aislamos? El dolor, la vergüenza y las tragedias de la vida nos llevan a encerrarnos en nosotros mismos. El aislamiento se convierte en un mecanismo de defensa ante una dolorosa realidad. A veces nos alejamos físicamente, pero, en la mayoría de los casos, el aislamiento es emocional. Podemos estar rodeados de personas y, aún así, sentirnos completamente solos, desconectados de los demás y de lo que pasa a nuestro alrededor. No queremos que nadie descubra nuestra vulnerabilidad.

Pero quiero decirte algo: Dios no te creó para que enfrentes las luchas en soledad. Él ha puesto en tu vida personas claves, maduras y llenas del Espíritu Santo, que pueden caminar contigo y ayudarte a vencer. Sin embargo, cuando cedemos a la tentación, solemos buscar consejo en las personas equivocadas, en aquellos que justificarán nuestras decisiones en lugar de confrontarnos con la verdad. En vez de acudir al amigo íntegro que nos guiará con sabiduría, buscamos a quien comparte nuestras mismas debilidades o incluso peores.

Por eso, ten mucho cuidado en quién confías. No se trata de contarle a todo el mundo lo que estás pasando, sino de pedirle al Espíritu Santo que te revele con quién debes abrir tu corazón. Porque cuanto más guardas silencio, más poder toma la vergüenza en tu vida. Tal vez sea un amigo, un pastor, un líder, un familiar o, si sientes que no tienes a nadie, considera buscar ayuda profesional de un psicólogo cristiano. Destaco la importancia de que sea cristiano porque he visto de cerca cómo la terapia sin fundamento en la fe puede alejarte de la verdad de Dios en lugar de acercarte a la restauración que Él quiere darte. No habrá verdadera sanidad si estás desconectado de tu Creador. Tengo un familiar que estaba atravesando unos problemas emocionales muy serios y decidió ir a una psiquiatra que no era cristiana, todo por que la gente decía que era una de las mejores, pero fue tan triste ver cómo esa doctora alejó a esa persona de la verdad de Dios. Torció todo en contra de la fe y hoy día, esa persona vive atada a tantas cosas negativas y alejada del propósito de Dios.

Algo que aprendí en mi proceso de sanidad es que el pecado no siempre reside en la acción en sí, sino en las circunstancias. Por ejemplo, el sexo no es malo. Dios lo creó para nuestro disfrute en el contexto del matrimonio, entre un hombre y una mujer. Así Él lo estableció. Por lo tanto, cuando alteramos lo que Dios diseñó perfectamente, se convierte en pecado, y por ende, en fuente de dolor y confusión. De esa manera, algo bueno, se torna pecaminoso al salirse de su marco establecido.

Lo menciono porque esta fue una batalla en mi propio proceso de restauración. Después de lo que viví, comencé a sentir miedo de desear algo que, por un tiempo, había sido destructivo para mí. Me costó ver el sexo desde la perspectiva de Dios y no desde mi herida. Y esto no cambia de la noche a la mañana. Sanar implica ir a la raíz de nuestras emociones y deseos. Durante ese tiempo había comenzado a visitar a una psicóloga cristiana y en conversaciones con ella me di cuenta de que siempre había visto el sexo como algo malo debido a lo que me ocurrió en la infancia. Eso hizo que me costara mucho perdonarme a mí misma. Pero el poder hablar con alguien me ayudó a entender la raíz de lo que me estaba pasando. Dios no solo sana nuestras heridas, sino que también nos enseña a ver la vida desde Su verdad y no desde nuestro dolor.

Es importante rodearte de personas maduras espiritualmente que puedan ayudarte en este proceso. Cuando Jesús resucitó a Lázaro, él salió de la tumba aún envuelto en vendas, y Jesús le pidió a otros que lo ayudarán a desatarse. Necesitamos que otros nos ayuden a quitarnos las "vendas" del pecado y la vergüenza. Esto nos recuerda que la sanidad y la restauración no siempre ocurren de un día para otro. A veces, Dios obra de manera progresiva, llevándonos paso a paso hacia la libertad. Y en ese proceso, necesitamos el apoyo de otros: personas maduras en la fe que nos escuchen, nos acompañen y, sobre todo, a quienes podamos rendir cuentas. Caminar solos nos hace vulnerables, pero caminar en comunidad nos fortalece y nos ayuda a perseverar.

Rendir cuentas es abrirle tu corazón a alguien confiable, que no te juzgará, sino que te mentoreará y caminará contigo para apoyarte, motivarte y corregirte. De esta forma, rompes el ciclo de aislamiento, que es cuando mayormente aparece la tentación. Saber que alguien te preguntará sobre lo que haces y las decisiones que tomas, te motivará a actuar con honestidad y responsabilidad.

Hoy te animo a que tomes la decisión de renovar tu mente, de aceptar el proceso de restauración de Dios, y de rodearte de personas que te ayuden a caminar en la verdad. Dios no ha terminado contigo. Él todavía tiene un propósito para tu vida. En el lugar de aparente vulnerabilidad, Dios quiere reescribir tu historia.

DIOS USA TU VULNERABILIDAD

Las áreas de tu vida que parecen ser las más débiles, aquellas que el enemigo ha tratado de usar para avergonzarte o destruirte, pueden convertirse en el escenario donde Dios se glorifique de manera poderosa. A lo largo de la historia, Dios ha usado a personas en su aparente vulnerabilidad para manifestar Su propósito:

- Sara fue estéril, pero Dios la hizo madre de una nación.
- Moisés fue llamado en la soledad del desierto, donde huía de sus pasado para liberar a la nación de Israel.
- David fue rechazado por su familia, pero Dios lo escogió y lo ungió como rey. Se enfrentó a un gigante, pero Dios le dio la victoria.
- Ruth quedó viuda y sin esperanza, pero Dios la incluyó en el linaje de Jesús.
- María Magdalena fue atormentada por demonios, pero caminó con Jesús y se convirtió en testigo de Su resurrección.
- Pablo persiguió cristianos, pero terminó siendo uno de los más grandes predicadores y mártires del Evangelio.

Lo que parece ser el fin de tu historia, Dios lo usa como el prólogo de un nuevo comienzo. En el lugar donde crees que todo está perdido, Dios puede reescribir tu historia. No le temas a la vulnerabilidad con la gente correcta. La vergüenza no es una herramienta motivacional de Dios. El diablo te presionará con vergüenza, pero Dios te guiará con gracia.

Lo que parece ser el fin de tu historia, Dios lo usa como el prólogo de un nuevo comienzo.

RENUEVA TU MENTE: LA BATALLA CONTRA LOS PENSAMIENTOS

Con el paso de los años, descubrí algo fundamental en mi proceso de sanidad: la verdadera batalla no estaba solo en mis circunstancias, sino en mi mente. Podía cambiar de ambiente, ir a los mejores consejeros o psicólogos, alejarme de ciertas personas o incluso tomar nuevas decisiones, pero si mi manera de pensar seguía atrapada en los mismos patrones, mi vida no cambiaría totalmente.

"Además de todo eso, levanten el escudo de la fe para detener las flechas encendidas del diablo" Efesios 6:16 NTV.

Las flechas encendidas del maligno, muchas veces, llegan disfrazadas de pensamientos sutiles e intrusivos que se cuelan en nuestra mente sin darnos cuenta. Son esos pensamientos o ideas que nos hacen dudar de lo que Dios ha dicho, que nos llenan de temor, que impulsan nuestras pasiones, que distraen nuestra mente. Son pensamientos que si no se detectan a tiempo, nos llevan a adoptar actitudes, decisiones, acciones y hábitos que tuercen nuestra verdadera identidad y nos llevan a esos lugares de los cuales nunca imaginamos que seríamos capaces de llegar.

Como nos enseña la Biblia, nuestro adversario, el diablo, ronda como león rugiente, buscando a quién devorar (1 Pedro 5:8). No lo hace siempre con un ataque de frente y obvio, sino con astucia, utilizando nuestras heridas, debilidades, momentos de confusión o ignorancia para lanzar sus flechas encendidas: pensamientos de derrota, de culpa, de condenación, de miedo y, sobre todo, de mentira. El enemigo quiere sembrar dudas sobre el carácter de Dios, sobre su amor, sobre sus promesas, porque sabe que si logra contaminar nuestra mente, puede paralizar nuestra fe. Y ese es precisamente su objetivo: mantenerte aislado, confundido y esclavizado.

Por eso, la Biblia es tan clara: "Además de todo eso, levanten el escudo de la fe..." Efesios 6:16 NTV. La fe no es solo un sentimiento, es una defensa activa. Y nuestro escudo se hace más fuerte cuando anclamos nuestra mente y nuestro corazón en la verdad de Dios.

Es urgente que cada día evaluemos lo que estamos pensando y creyendo. ¿Este pensamiento viene de Dios? ¿Se alinea con su Palabra o con una mentira disfrazada de verdad? Si no proviene de Él, debemos rechazarlo de inmediato y reemplazarlo con la verdad eterna. Como dice 2 Corintios 10:5, debemos llevar cautivo todo pensamiento a la obediencia de Cristo.

Nuestra mente es un campo de batalla. Pero no estamos solos. Dios nos ha equipado con todo lo necesario para permanecer firmes. Y mientras más llenamos nuestra mente con la Palabra de Dios, más fácil es identificar y apagar esas flechas antes de que hagan daño.

Durante este tiempo, un amigo cercano buscó ayuda profesional porque estaba lidiando con un problema emocional. En una de sus sesiones, el psiquiatra le diagnosticó Trastorno Obsesivo-Compulsivo (TOC) y le explicó cómo algunos de sus comportamientos —como abrir y cerrar una puerta repetidamente o seguir un patrón exacto al caminar— eran respuestas automáticas de su mente. Y para romper estos ciclos, le enseñó una estrategia: cada vez que sintiera el impulso de repetir una acción, debía interrumpir el patrón y dirigir su atención a otra cosa, como imaginarse en la playa, recordar un viaje especial o pensar en su comida favorita.

Mientras escuchaba su historia, mis ojos se abrieron. Me di cuenta de que lo que la psicología y la psiquiatría estaban enseñando ya había sido revelado en la Biblia siglos atrás. La diferencia es que el mundo nos anima a redirigir nuestra mente hacia distracciones temporales, mientras que la Palabra de Dios nos llama a una transformación más profunda: renovar nuestra mente con Su verdad. No se trata solo de pensar en algo más placentero, sino de reemplazar pensamientos destructivos con la luz de Su Palabra.

Romanos 12:2 NIV dice: "No se amolden al mundo actual, sino sean transformados mediante la renovación de su mente. Así podrán comprobar cuál es la voluntad de Dios, buena, agradable y perfecta".

Dios no quiere que simplemente desvíes tu atención, sino que experimentes una renovación completa en tu manera de pensar, para que puedas vivir en libertad y propósito.

RENOVAR LA MENTE CON LA PALABRA DE DIOS

La Biblia nos dice: "…y llevamos cautivo todo pensamiento para que obedezca a Cristo" 2 Corintios 10:5 NVI.

Esto significa que no podemos permitir que cualquier pensamiento controle nuestra vida. No podemos simplemente esperar que las cosas cambien por sí solas. Debemos actuar y someter nuestros pensamientos a Dios.

Algo que me ayudó mucho en mi proceso de renovar mis pensamientos fue escribir versículos bíblicos y declaraciones de Dios sobre mi vida. Los guardaba en mis notas del teléfono, me enviaba mensajes a mí misma, y cada vez que un pensamiento intrusivo venía a mi mente, lo contrarrestaba con la Palabra. Cuando el enemigo intentaba recordarme mi pasado, mi caída y mi vergüenza, yo le recordaba lo que Dios decía sobre mí.

Identifica las mentiras de satanás y reemplázalas con la verdad de Dios:

- **Mentira:** "Lo que hice es muy grande y no merezco su perdón".
  Verdad: "Ahora, pues, ninguna condenación hay para los que están en Cristo Jesús" Romanos 8:1.

- **Mentira:** "He perdido mi llamado".
  Verdad: "Los dones y el llamamiento de Dios son irrevocables" Romanos 11:29.

- **Mentira:** "Nunca seré libre".
  Verdad: "Si el Hijo los libera, serán ustedes verdaderamente libres" Juan 8:36.

Y no fue de la noche a la mañana. No fue un momento mágico en el que todo cambió. No fue en un culto o en un momento de adoración espontánea de esos que se te paran todos los pelos, donde todo cambio. Fueron pequeñas victorias. Día tras día, batalla tras batalla, fui siendo transformada. No porque yo fuera fuerte, sino porque Su gracia era suficiente para mí. No porque yo tuviera las respuestas, sino porque Su verdad me liberaba. Y lo mismo puede hacer contigo.

"Cada vez él me dijo: «Mi gracia es todo lo que necesitas; mi poder actúa mejor en la debilidad». Así que ahora me alegra jactarme de mis debilidades, para que el poder de Cristo pueda actuar a través de mí" 2 Corintios 12:9 NTV.

Lucha por tus pensamientos. Toma el control de tu mente.

No todo lo que piensas es verdad. No todo lo que cruza por tu mente viene de Dios. Por eso, no puedes darte el lujo de ser pasivo con tus pensamientos. Cada día, el enemigo lanza ideas, mentiras y dudas con el objetivo de distraerte y desconectarte del propósito de Dios para tu vida.

Pero tú no estás indefenso. Dios te ha dado el poder y la autoridad para renovar tu mente. A través de Su Palabra, puedes identificar los pensamientos que no provienen de

Él y reemplazarlos por verdad. Es un ejercicio diario, una batalla constante... pero es una batalla que puedes ganar. La transformación empieza en tu mente. Si controlas tus pensamientos, cambiarás tu vida. Así que levántate, no cedas tu mente al miedo, a la culpa ni al engaño. Tú tienes el poder de decidir en qué pensar, y Dios te ha equipado para vencer.

> *La transformación empieza en tu mente.*

GRACIA OFENSIVA

Vivimos en un mundo donde la sociedad y, tristemente, la iglesia muchas veces prefieren señalar y avergonzar en lugar de restaurar. Porque la restauración es dura. No es rápida ni sencilla, y mucho menos cómoda. Es desordenada, dolorosa y toma tiempo. Restaurar significa enfrentarse a conversaciones difíciles, significa derramar lágrimas que revelan la fragilidad, significa elegir estar presente aun cuando sería más fácil huir.

Porque la restauración, en la práctica, no luce como los testimonios que escuchamos desde un púlpito. La realidad es que hay días difíciles, días de dudas, días de tentación y de querer rendirse.

Y aquí está la verdad incómoda: no muchos cristianos están dispuestos a atravesar ese proceso contigo. Es más fácil dar un versículo de ánimo y marcharse, que quedarse a caminar en medio del barro y la confusión. Es más sencillo aplaudir el milagro cuando todo ya está resuelto, que acompañar cuando la herida todavía supura.

Pero la restauración demanda compromiso. Requiere una fe que no se rinde ante la incomodidad y un amor que está dispuesto a cargar el peso junto al otro. Y aunque pocos se atreven a quedarse, quienes lo hacen se convierten en testigos de la verdadera obra de Dios: un proceso crudo, largo y doloroso... pero real, y profundamente transformador.

Porque no hay pecado que Dios no pueda perdonar si hay un corazón verdaderamente arrepentido. Juan 3:16 nos dice: "Porque de tal manera amó Dios al mundo, que ha dado a su Hijo unigénito, para que todo aquel que en él cree, no se pierda, mas tenga vida eterna". Esto significa que la gracia, la salvación y la restauración están disponibles para todos. No hay excepciones.

Sé que lo que voy a decir puede ser difícil de procesar, pero es una verdad que el Espíritu Santo me mostró en mi propio proceso de sanidad. Yo fui víctima de abuso sexual en mi infancia, y por años viví con amargura, odio, rencor y enojo hacia los pedófilos. Obviamente no es para menos, después de lo que me ocurrió. Y yo no podía concebir la idea de que alguien que hubiera hecho algo tan horrible pudiera recibir perdón. Pero un día fui confrontada en una clase de teología que estaba tomando en línea. Allí había estudiantes de todas las partes del mundo conectados a través de una pantalla. Y en medio de esa clase, la profesora, que era una mujer llena de la presencia de Dios y de sabiduría, comenzó a compartir su testimonio y una de las cosas que compartió fue que en un momento en su vida había tenido pensamientos ilícitos contra niños. Ella cuidaba niños en su casa durante ese tiempo y no sabía por qué estaba teniendo esos pensamientos. Dice que se odiaba por ese pensamiento y no se atrevía decírselo a nadie. Y aunque ella nunca cometió el acto, en su lucha decidió buscar ayuda y tomó la decisión de ir a un psicólogo, donde comenzó a buscar la raíz de ese pensamiento y también con la ayuda de Dios pudo encontrar la paz, libertad y sanidad que tanto necesitaba.

Mientras ella compartía esas palabras tuve que apagar la cámara de mi computadora porque yo no podía parar de llorar.

Esta señora había sido una bendición para mi vida durante ese semestre. ¿Cómo podía yo juzgarla o odiarla por lo que decía si a mí Dios me había restaurado, al igual que lo había hecho con ella?

Y es que muchas veces, esas heridas que nos han marcado desde la infancia se entrelazan con nuestra vida y tratan de engañarnos, poniendo dudas, emociones y sentimientos que no son reales. En ocasiones, el enemigo aprovecha ese dolor para sembrar en nuestra mente la mentira de que estamos destinados a repetir la misma historia, de que también nosotros terminaremos en ese mismo lugar de ruina, sufrimiento y pecado. Llegamos incluso a sentirnos cómplices de los mismos demonios que un día nos atormentaron.

Pero nada de eso es verdad. Es solo una mentira más del enemigo, una cadena disfrazada que intenta mantenernos atados y repetir ciclos.

Y sé que abrirse acerca de un pensamiento tan oscuro, como llegar a sentir un deseo inapropiado hacia un niño, puede ser aterrador y vergonzoso. Tal vez te parece imposible hablarlo en voz alta, porque solo de pensarlo sientes miedo de ser señalado o rechazado por tu familia y la sociedad. Pero quiero decirte con toda sinceridad: sí puedes hacerlo.

Recuerdo escuchar a mi profesora —una mujer de fe— compartir que había luchado con pensamientos similares. Quebró mi burbuja. Su valentía al confesarlo me hizo entender algo que cambió mi perspectiva: lo que realmente nos mantiene atados no es la tentación en sí, sino el silencio. La falta de transparencia se convierte en la tierra fértil donde el enemigo hace crecer el pecado, la curiosidad, la culpa, la vergüenza y la esclavitud.

Cuando lo escondemos, la oscuridad lo fortalece. Pero cuando lo traemos a la luz, con la persona correcta, con ayuda espiritual y con la gracia de Dios, empieza el proceso de sanidad. Lo que parecía imposible se transforma en libertad.

Quiero que lo escuches claramente: no eres un monstruo. Eres un hijo, eres una hija de Dios. Su amor es más grande que tus luchas y su gracia es suficiente para romper cualquier cadena.

Esta experiencia me mostró que Su gracia es lo suficientemente grande para restaurar a cualquiera que se rinda ante Él, incluso aquellos que ante los ojos humanos no tienen oportunidad para la restauración.

No estoy justificando el pecado. No estoy diciendo que está bien y mucho menos minimizando el dolor de las víctimas, porque yo soy una de ellas. Lo que estoy diciendo es que hay esperanza para todo aquel que realmente quiera cambiar. Si no fuera así, la venida de Jesús no tendría sentido.

Si sientes que tu vida se ha roto en mil pedazos, quiero recordarte que Dios es el artesano por excelencia. Él no solo recoge cada pedazo, sino que los une con Su gracia, poder y verdad. El proceso de restauración duele. Nos presiona, nos moldea, nos hace llorar. Pero no hay mejor lugar en el que podamos estar que en las manos del alfarero.

Si Dios no te amara tanto, ¿por qué Satanás estaría tan decidido a destruirte? A veces te preguntas por qué la lucha es tan fuerte. Por qué sientes tanta oposición. Pero esa misma batalla es una evidencia del valor que tienes en el Reino de Dios. Porque si no fueras importante para Dios, si no tuvieras un propósito eterno, si no cargaras una unción peligrosa en contra del infierno... el enemigo no se molestaría en atacarte.

El enemigo no pierde tiempo con quien no representa una amenaza. Él persigue lo que Dios ha llamado, lo que Dios ha separado, lo que Dios ama. Y tú, aunque a veces lo olvides, eres profundamente amado por Dios. Tan amado que el enemigo quiere destruir tu identidad antes de que puedas caminar en ella. Quiere contaminar tu mente antes de que descubras quién eres realmente en Cristo. Quiere detener tu avance antes de que cumplas el propósito eterno para el cual fuiste creado.

Pero si hoy sientes que la batalla es fuerte, no lo tomes como una señal de derrota, sino de propósito. Porque nadie lucha por lo que no vale nada. El infierno ataca fuerte a las personas en quienes Dios ha depositado algo poderoso. Así que en vez de rendirte, levántate. Recuerda que si el enemigo está peleando tanto por destruirte, es porque Dios ha puesto demasiado dentro de ti como para dejarlo ir fácilmente.

El enemigo te susurrará sus mentiras. Te dirá que nunca cambiarás, que no eres digno, que lo que hiciste es imperdonable. Pero la Palabra de Dios dice lo contrario. Si un pensamiento no proviene de Dios, destrúyelo. No lo alimentes. Renueva tu mente inmediatamente. "Finalmente, hermanos, piensen en todo lo que es verdadero, en todo lo que merece respeto, en todo lo que es justo y bueno; piensen en todo lo que se reconoce como una virtud, y en todo lo que es agradable y merece ser alabado" Filipenses 4:8 TLA.

El infierno ataca fuerte a las personas en quienes Dios ha depositado algo poderoso.

GRACIA EN MEDIO DE LAS CONSECUENCIAS

Muchas personas piensan que la gracia significa evitar las consecuencias. Pero la verdadera gracia no se trata de borrar las consecuencias, sino de caminar de la mano con Dios a través de ellas.

- David, después de su pecado con Betsabé, experimentó la gracia, pero aún enfrentó las consecuencias de su pecado.
- Moisés, después de golpear la roca con ira, experimentó la gracia, pero aún así no entró en la Tierra Prometida.
- Jonás, después de huir de Dios, experimentó la gracia, pero aún pasó tiempo en el vientre del pez.
- La gracia no significa un camino fácil. La gracia significa que, incluso en el camino más difícil, no vas solo. Dios está contigo a donde quiera que vayas.

Mira lo que Dios le dijo a Josué cuando comenzó a liderar el pueblo de Israel: "Mira que te mando que te esfuerces y seas valiente; no temas ni desmayes, porque Jehová tu Dios estará contigo a dondequiera que vayas" Josué 1:9 RVR1960.

La presencia de Dios fue incondicional en la vida de Josué. Dios no le dijo: "Estaré contigo solo si tomas el camino correcto". Al contrario, le aseguró: "Yo estaré contigo dondequiera que vayas". Eso significaba que, aun si Josué se equivocaba, Dios no lo abandonaría. De la misma manera, Dios te dice hoy que Su presencia no depende de tus éxitos o fracasos. Él estuvo contigo en el pasado, está contigo en el presente y seguirá estando contigo en cada paso que des.

Puedo decirlo con certeza porque lo viví. En mi peor momento, en aquella noche oscura donde me encontraba drogada y perdida, Dios no me dejó. Aunque yo me alejé de Él, Dios nunca se alejó de mí. Su gracia me alcanzó aún en mi peor estado, porque Su amor no se basa en lo que hago, sino en quién Él es.

LA SANIDAD TOMA TIEMPO

Sé lo que es anhelar una restauración instantánea. Desear que el dolor desaparezca de inmediato, que la vergüenza se disipe en un solo momento, que las heridas del corazón se cierren sin dejar marcas. Queremos soluciones rápidas, respuestas inmediatas, un cambio que suceda de la noche a la mañana.

Pero Dios no solo quiere repararte; Él quiere transformarte. Y la transformación toma tiempo. La sanidad no ocurre en un instante, sino en una serie de pasos pequeños, pero significativos. Es un viaje que requiere paciencia y mucha fe.

Cada lágrima que derramas, cada oración que elevas, cada día en que decides seguir adelante, es una prueba de que Dios está obrando en ti. Cada paso hacia adelante, por más pequeño que parezca, es un testimonio de Su gracia en acción. Así que no te desesperes si la sanidad no llega tan rápido como quisieras. Dios no ha terminado contigo. Sigue caminando, porque Él está obrando incluso en la espera. Por eso puedo asegurarte, como dijo el apóstol Pablo, estoy segura de que Dios, quien comenzó la buena obra en ti, la continuará hasta que quede completamente terminada.

CAMINA

No importa cuán roto te sientas, Dios puede restaurarte. No importa cuán lejos hayas caído, Su amor sigue alcanzándote. No importa cuánta vergüenza cargues, Su gracia es suficiente para cubrirlo todo. Su gracia es más grande que tu pasado. Más poderosa que tus fracasos. Más fuerte que la culpa que te atormenta. Así que levántate. No sigas viviendo bajo la sombra de lo que fuiste. Tu error no define tu identidad. Tu caída no es el final de tu historia. Cuando caminas en la gracia de Dios, ya no eres lo que una vez fuiste. Eres redimido, restaurado y renovado. Eres una obra maestra en las manos del Alfarero.

CAPÍTULO 13

Una obra maestra de su gracia

LA CHAQUETA

Hace algunos años, una amiga me compartió una experiencia donde el Espíritu Santo le había hablado al corazón. Ella se encontraba de viaje, y debido a que había asistido a un evento más temprano ese mismo día, no tuvo oportunidad de cambiarse de ropa antes de llegar al aeropuerto.

Aquel evento requería un atuendo de gala, por lo que vestía un vestido corto, sin tirantes con lentejuelas brillosas, y aunque era muy bonito, claramente estaba fuera de lugar para un ambiente como el de un aeropuerto. Tan pronto llegó al terminal, comenzó a sentirse incómoda. Y busco en su maleta de mano una chaqueta que tenía guardada. Sabía que su vestimenta no era apropiada para el lugar donde ahora estaba. Se sentía incómoda, avergonzada, expuesta, fuera de lugar, vulnerable.

Intentando cubrirse un poco, se puso la chaqueta encima, con la esperanza de disimular su incomodidad y sentirse más segura. Mientras esperaba en la puerta de embarque, notó que frente a ella estaba sentada una anciana. La mujer temblaba, abrazando su bolso para poder calentarse. Era evidente que tenía frío y que no llevaba abrigo. En ese momento, mi amiga sintió una suave, pero clara voz en su corazón:

"Dale tu chaqueta".

Era el Espíritu Santo hablándole. Pero ella dudó. Su mente se llenó de pensamientos:

"Señor, ¿en serio? Me siento ridícula con este vestido. Sin la chaqueta, me siento incómoda en el aeropuerto. La gente me va a mirar rara. Voy a llamar la atención. Me voy a sentir expuesta...".

Mientras batallaba internamente, el Espíritu Santo volvió a hablarle:

"No permitas que tu vergüenza se convierta en una excusa para ignorar la necesidad de alguien más".

Esas palabras atravesaron sus argumentos y finalmente, respiró profundo, y obedeció. Se quitó la chaqueta y se la entregó a la mujer, con una sonrisa tímida, pero sincera. Los ojos de la anciana se llenaron de lágrimas. "Muchas gracias," le dijo con voz entrecortada. "No traje la chaqueta, y siempre me da frío en lugares como este".

En ese instante, mi amiga comprendió una gran verdad. Su preocupación por cómo se veía casi la había detenido de extender el amor de Jesús a alguien que lo necesitaba.

La gracia no sólo se trata de lo que merecíamos, sino de lo que Él nos permite entregar. La gracia de Dios no es una recompensa por nuestro buen comportamiento. La gracia de Dios es un regalo inmerecido, derramado sobre nosotros aun cuando no lo merecíamos. Pero su propósito no termina en nosotros. La gracia que recibimos está diseñada para fluir a través de nosotros.

"Pues todos hemos pecado; nadie puede alcanzar la meta gloriosa establecida por Dios. Sin embargo, en su gracia, Dios gratuitamente nos hace justos a sus ojos por medio de Cristo Jesús, quien nos liberó del castigo de nuestros pecados" Romanos 3:23-24 NTV.

La gracia de Dios no es una recompensa por nuestro buen comportamiento.

EL LLAMADO A COMPARTIR MI HISTORIA

Esa historia quedó plasmada en lo más profundo de mi corazón. No podía borrarla de mi mente porque, aunque no era exactamente la misma situación, yo también había estado aferrándome a mi propia chaqueta. No una chaqueta física, sino una emocional. Una simbólica. Una que usaba para cubrir mi pasado.

Durante años, supe que Dios me estaba llamando a escribir este libro. Lo sentía en lo más profundo de mi corazón. Ese suave, pero insistente susurro que no se detenía: "Escribe. Tu historia tiene propósito". Sin embargo, yo no me sentía calificada. Pues no soy una escritora profesional.

No tengo un gran título en teología. Y mucho menos quería hablar de los capítulos más oscuros de mi vida. Y aún así, el llamado persistía como un eco en el alma que no se desvanecía: "Tienes que escribir este libro. Hay personas que necesitan escuchar lo que Yo he hecho en tu vida".

Cada vez que Dios me recordaba que debía escribir, la vergüenza me paralizaba. Dios fue insistente, volvía a recordármelo. No se quedó en silencio. Una y otra vez me confirmaba que debía escribir este libro.

En al menos cuatro ocasiones distintas, utilizó a personas completamente desconocidas para mí, que no sabían nada de mi vida ni de lo que Dios había depositado en mi corazón. También usó a otras personas que, aunque me conocían, jamás habían escuchado mi historia, porque yo misma la había mantenido escondida, envuelta en vergüenza.

No les había contado lo que Dios me había hablado. No me atrevía. Tenía miedo de ser juzgada, malinterpretada o rechazada. Y, sin embargo, esas personas, sin saber nada, llegaban con palabras certeras y específicas:

"Dios quiere que escribas tu historia en un libro".

"Debes escribir lo que has vivido".

"Tu testimonio va a sanar a otros".

Era imposible ignorarlo. Dios claramente me estaba llamando a compartir lo que Él ya había redimido. Pero me paralizaban los pensamientos:

"¿Y si me juzgan?"

"¿Y si cambian la forma en que me ven?"

"¿Y si piensan que sigo siendo una pecadora?"

"¿Y si sienten lástima por mí?"

Así que hice lo que muchos hacemos cuando el miedo nos visita: Me cubrí. Me envolví con mi "chaqueta" emocional. Guardé mi historia en silencio. La mantuve escondida, segura... aparentemente protegida.

Pero ese día, mientras mi amiga compartía su testimonio de obediencia —cuando entregó su chaqueta literal a una anciana con frío—, sentí como si Dios me hablara directamente: "Tienes que quitarte la chaqueta porque eso que estás tratando de esconder es exactamente lo que cubrirá a alguien más con Mi gracia". Y entendí que lo que me avergonzaba se convertirá en lo que sanará a otros.

Mi historia, mis cicatrices, no son un motivo de vergüenza, sino una evidencia de Su poder redentor.

Dios no me estaba pidiendo que compartiera mi historia de perfección, sino mi historia de transformación. No desde mis propias fuerzas, sino desde la dependencia. No desde el orgullo, sino desde la gracia. Hoy entiendo que mi historia no es mía solamente, es de Dios. Y si Él la usará para abrazar, cubrir y restaurar a otros... entonces vale la pena desnudar el alma.

Mi historia, mis cicatrices, no son un motivo de vergüenza, sino una evidencia de Su poder redentor.

LA GRACIA CONVIERTE LA VERGÜENZA EN TESTIMONIO

Aquella conversación que tuve con mi amiga fue en el 2020. Sin embargo, despojarme de la chaqueta no fue tarea fácil. Tuvieron que pasar cuatro años más para poder terminar de escribir mi historia. Hoy, mientras escribo estas palabras en octubre de 2024, mis manos aún tiemblan al pulsar cada tecla que revela la verdad... pero, mi alma está más firme y anclada que nunca.

Me tomó ocho largos años desprenderme de ese abrigo de vergüenza que llevaba pegado a la piel. Porque la sanidad verdadera toma tiempo. Porque obedecer no es un acto único de valentía, sino la decisión constante de mostrar cicatrices que ya no sangran ni duelen porque han sanado.

Antes de poder compartir nuestra historia, necesitamos estar lo suficientemente fuertes para sustentar nuestra sanidad. Para abrazar cada parte de nuestro pasado sin huir, y para encontrar la belleza del propósito que Dios tiene para nosotros.

Sabía que al publicar este libro, desnudaría mi alma ante el mundo. Cuando uno se hace vulnerable y se expone confesando sus errores, debilidades y pecados, las reacciones son diversas. Sé que algunos me mirarán con desprecio. Habrá quienes, incómodos con mi verdad, retrocederán silenciosamente hacia la "seguridad" de las sombras. Esos se identificarán en silencio, quizás porque aún no están listos para su propia confesión, y prefieran mantener las apariencias por temor. No faltará quien ofrezca una "compasión" que hiere más que la indiferencia. Pero también sé que habrá muchos que lograrán ver lo que el Padre ve: una Diane Vázquez restaurada por el amor y la gracia del que me creó, capacitada para compartir esa gracia recibida y alcanzar a quienes necesitan ser impactados por mi testimonio y restaurados por el único Dios verdadero.

En medio del temor, una verdad me sostiene: No tengo el poder de manipular la reacción de los demás ante mi historia. Las opiniones, los juicios y las expectativas de otros están fuera de mi control. Lo único que realmente está en mis manos es elegir la obediencia a Dios y confiar en que Él tiene el control de todo lo demás. Y si mi historia, aún con sus caídas y redenciones puede convertirse en la chaqueta que le quite el frío a alguien más, entonces valió la pena despojarme de mi abrigo.

LA VERGÜENZA DE LA CRUZ

Cuando hoy pensamos en la cruz, solemos verla como un símbolo de esperanza y redención. La encontramos en collares, ropa, en las paredes de nuestras iglesias, y hasta en nuestras tazas de café. Es un símbolo que nos recuerda el sacrificio de Jesús y lo que Él hizo por nosotros. Sin embargo, en los tiempos de Jesús, la cruz era un símbolo de vergüenza, de humillación, y de sufrimiento.

Era la forma más cruel y degradante de morir. Los romanos reservaban la crucifixión solo para los peores criminales, aquellos que se consideraban una vergüenza para la sociedad. Los criminales que eran condenados a morir en la cruz no solo pagaban por sus delitos, sino que también llevaban una carga de deshonra pública. Nadie podía ver a una persona en la cruz y no pensar:

"Este ser humano ha cometido un crimen imperdonable".

"Esta persona está maldita, ya no tiene esperanza".

Y, sin embargo, fue está la manera en la que Jesús murió. Fue ridiculizado, despreciado, y humillado. La cruz fue el lugar donde experimentó la vergüenza máxima: la indiferencia de la multitud, la burla de sus enemigos, y el abandono de muchos de sus seguidores. Fue un sufrimiento físico y emocional profundo.

Pero Él soportó la vergüenza de la cruz por un propósito mucho mayor: para que nosotros nunca tuviéramos que cargar con nuestra propia vergüenza. Jesús, el Hijo de Dios, fue capaz de abrazar lo más bajo y humillante para que nosotros pudiéramos ser liberados de esa carga. La cruz, que en su tiempo representaba la condena final, se transformó en un símbolo de libertad y esperanza eterna.

La gracia transforma lo más vergonzoso de nuestra vida en un testimonio poderoso. Lo que alguna vez fue un símbolo de muerte, ahora es el emblema de la vida eterna. La gracia no solo nos perdona, sino que nos da la fuerza para levantarnos, para encontrar propósito en el dolor y convertir nuestras cicatrices en historias de victoria. Lo que una vez fue nuestra mayor vergüenza, por medio de la cruz, se convierte en nuestro mayor testimonio de la misericordia, de la gracia y del amor de Dios.

> *La gracia transforma lo más vergonzoso de nuestra vida en un testimonio poderoso.*

NUESTRA SEGUNDA OPORTUNIDAD

Hoy, mi esposo y yo nos encontramos en un momento muy especial, preparándonos para celebrar 15 años de matrimonio, ¡quince años! Quince años llenos de bendiciones y, sobre todo, de gracia. Una gracia que se ha manifestado una y otra vez, renovándose día tras día.

Mirando atrás, no puedo evitar asombrarme de lo que hemos vivido y de donde Dios nos ha sacado. Después de todo lo que atravesamos, después de todas las pruebas que podrían habernos destruido, Dios tenía un plan mucho mayor para nosotros.

Pero... Dios transformó ese mal en bien para lograr lo que hoy estamos viendo: salvar la vida de mucha gente Génesis 50:20 NVI.

En lugar de Dios rendirse ante mis fracasos, Él me rescató y me restauró de formas que nunca imaginé posible. Me levantó cuando todo parecía estar perdido. Hoy puedo decir como dijo

Job: "Lo que antes sabía de ti era lo que me habían contado, pero ahora mis ojos te han visto, y he llegado a conocerte" Job 42:5 TLA. Desde niña, conocía bien la Palabra, pero no conocía de cerca al Dios que deja los noventa y nueve, para buscar al uno. En mi peor momento, conocí el corazón de un Padre que lucha por sus hijos. Él no te mira con desprecio, él te mira con celo porque eres su hijo amado.

Él nos dio la oportunidad de comenzar de nuevo, no solo como matrimonio, sino también como individuos. Nos devolvió el privilegio de servirle, de caminar juntos en Su propósito. Nos dio a nuestra hija, un regalo precioso que no solo transformó nuestra familia, sino que también nos enseña el verdadero significado de un amor incondicional.

También han regresado las noches de películas en casa. Antes eran de mac and cheese con Cheez Whiz y hot dogs, acompañados de una película alquilada en el *videoclub*. Hoy todo se ve un poco distinto: las películas llegan por *streaming* y mi cocina ha cambiado. Ya no preparo los "mac and cheese" con queso procesado, sino que aprendí a hacer la salsa desde cero.

Ya en mi casa no se escucha el silencio. Ahora el espacio se llena de piecitos corriendo por los pasillos y de carcajadas tiernas que nos llaman "mamá" y "papá". Las películas, la mayor parte del tiempo, son animadas, llenas de colores, muñequitos y canciones pegajosas. Pero no cambiaría nada de esto, porque cada risa, cada abrazo y cada mirada son testimonio de que Dios transformó nuestro lamento en alegría, nuestro vacío en plenitud, y nuestro hogar en un refugio de amor. Pensé que Dios en su misericordia me devolvería la vida que un día tuve, pero Él hizo algo aún mayor, pues no me devolvió la vida que tenía sino que me regaló una mejor, porque Su gracia hace nuevas todas las cosas.

Ahora, después de todo lo que hemos vivido, estamos sirviendo en Puerto Rico, en el lugar donde fui quebrantada y procesada. Hoy somos testigos de que Dios puede restaurar lo que está roto. El lugar donde me alejé del propósito de Dios ha sido el mismo lugar para exhibir al mundo lo que Dios puede hacer en la vida de alguien que decide regresar a Él. No tengas miedo de regresar al lugar de tu quebranto, ese lugar que quizás te trae recuerdos dolorosos o te hace sentir vulnerable. A veces, tememos volver a esos espacios donde el fracaso o las heridas nos marcaron profundamente. Sin embargo, es precisamente en esos mismos lugares donde Dios tiene el poder de obrar en lo imposible. De las ruinas más profundas y devastadas, Él puede hacer brotar vida nueva, tomar la tierra más árida y, con su inigualable poder, transformarla en un jardín lleno de flores y frutos.

Dios usa esos espacios para demostrar su poder transformador. Lo que pensábamos que nunca podría ser restaurado, es justamente el lugar donde Su gracia se manifiesta con mayor fuerza. Con su gracia transformadora, donde antes había solo ruinas, Dios edificó algo completamente nuevo, hermoso, lleno de vida y propósito.

Así que no temas regresar a esos espacios difíciles, porque al hacerlo, estás permitiendo que Dios transforme tu quebranto en belleza, tu dolor en propósito y tu debilidad en fortaleza.

Hoy estamos viviendo cada día con la certeza de que caminamos en la gracia de Dios. No lo hacemos porque lo merezcamos, sino porque Él es fiel. Su fidelidad nos ha sostenido, y esa misma fidelidad es la que nos impulsa a seguir adelante.

Nuestra historia no es solo una historia de amor, sino una historia de redención, de segundas oportunidades, de un Dios que nunca se da por vencido. Cada paso que damos es un recordatorio de Su gracia, que siempre está presente, guiándonos y dándonos fuerzas para seguir adelante, aún en los momentos más difíciles.

UN CORAZÓN AGRADECIDO

Hay una escena fascinante en la Biblia que nos muestra el profundo poder de la redención y la gratitud. Jesús fue invitado a la casa de un fariseo, y mientras compartía con los líderes religiosos, una mujer apareció de repente. Ella traía un frasco de perfume y lo derramó sobre los pies de Jesús, los cuales comenzó a lavar con sus lágrimas y a secar con su cabello. Los líderes religiosos, al ver esto, comenzaron a murmurar y cuestionar lo que estaba sucediendo. Sin embargo, Jesús, al conocer sus pensamientos, les respondió:

"Te digo que sus pecados, que son muchos, han sido perdonados; por eso ella me demostró tanto amor. Pero una persona a quien se le perdona poco, demuestra poco amor" Lucas 7:47 NTV.

Esta escena es una poderosa lección sobre el amor y la gratitud que brotan del perdón. La mujer no solo derramó perfume, sino que derramó su corazón en un acto de amor profundo y agradecido, consciente de la magnitud del perdón que había recibido. Los líderes religiosos no alcanzaban a comprender la intensidad de su acto, porque desconocían la profundidad de su redención. Centrados en las apariencias, lo que presenciaron les parecía una exageración. Sin embargo, Jesús les muestra que no es una exageración, sino una respuesta genuina a la magnitud del perdón que ella había recibido.

Muchas veces, la gente que nos rodea no entenderá la magnitud de nuestro agradecimiento. Nos cuestionarán, nos llamarán exagerados, fanáticos o dirán que hablamos demasiado de Jesús. Podrán pensar que nuestra devoción es excesiva o innecesaria. Pero hay algo que solo aquellos que han sido transformados por la gracia pueden comprender: es una gratitud que estremece todo tu ser, que brota de un corazón que ha sido perdonado, redimido, y restaurado. Solo quienes hemos sido perdonados de algo que el mundo consideraría imperdonable... quienes hemos sentido el peso del pecado más oscuro y luego la libertad del perdón... quienes hemos estado en el suelo, rotos, avergonzados, y hemos sido levantados, limpiados y restaurados por la gracia de Dios... podemos comprender, no solo con la mente, sino con todo nuestro ser, ¡cuán inmerecido es Su amor y cuán suficiente es Su gracia!

No es teoría. Es experiencia. Es vida. Es el tipo de gratitud que no se puede fingir ni fabricar. Que no se puede aprender en una clase de teología.

Una gracia que no se alejó ni se escandalizó ante nuestra suciedad. Una gracia que no retrocedió al ver nuestro pecado. Fue esa gracia la que se acercó cuando todos se alejaron. La que se inclinó cuando nadie quiso mirar. La que nos levantó cuando ni siquiera nosotros creíamos que merecíamos ser rescatados. Es una gracia que no se limitó a observar desde lejos, sino que entró a las ruinas, caminó entre los escombros, y con manos llenas de amor y verdad nos limpió, nos restauró y nos volvió a llamar por nuestro nombre por segunda vez. Un nombre que el mundo intentó borrar. Un nombre que quizá nosotros mismos habíamos olvidado. Pero Él no lo olvidó. Es una gracia que no solo perdona, sino que dignifica. Que no solo cubre multitud de pecados, sino que transforma. Que no solo restaura lo que éramos, sino que nos revela lo que siempre estuvimos destinados a ser en Él. Esa es la gracia que nos encontró. Y esa es la gracia que te sigue llamando hoy.

Así como aquella mujer que, sin importarle el juicio de los presentes, derramó su perfume a los pies de Jesús, así vivimos los que hemos sido perdonados de mucho. No lo seguimos por obligación, lo seguimos por agradecimiento. Y no vivimos para impresionar, vivimos para honrar al que no nos desechó cuando todos lo habrían hecho. Esa es la marca del verdadero perdón: un corazón eternamente agradecido.

TÚ NO ERES LA VERGÜENZA DE LA IGLESIA.
ERES LA HUMANIDAD DE LA IGLESIA.

Durante demasiado tiempo, muchos han sentido que sus errores los descalifican para servir en la iglesia y hasta para recibir el perdón de los de la Iglesia. Piensan que sus caídas ensucian el testimonio de la congregación. Que sus luchas internas, sus temporadas de oscuridad y los errores que cometieron en el pasado son una vergüenza para el cuerpo de Cristo. Pero quiero decirte algo con todo mi corazón: ¡Eso es una mentira!

Tú no eres la vergüenza de la Iglesia. Eres la evidencia viva de por qué la Iglesia existe. Porque tú eres la Iglesia. Tu historia, con todo lo que incluye, las caídas, las luchas, los arrepentimientos y la restauración, no desacredita la misión de la Iglesia; la revelan.

Revela el amor incondicional de Dios.

Revela la profundidad de Su gracia.

Revela la esperanza que tenemos en Cristo.

La Iglesia no necesita más perfección. La iglesia necesita más corazones dispuestos a decir: "A mi también Dios me levantó". Así que no te escondas. No te avergüences. Camina con la cabeza en alto porque tu historia puede ser el puente que otros necesitan para volver a casa. No eres la vergüenza de la Iglesia. Eres la humanidad que Dios vino a redimir. Y por eso, eres parte esencial de Su cuerpo.

No eres la vergüenza de la Iglesia.
Eres la humanidad que Dios
vino a redimir.

UN LLAMADO A LA IGLESIA

Siempre me ha impresionado la escena en la que los líderes religiosos, los fariseos, llevan ante Jesús a una mujer sorprendida en adulterio. Todos la señalan listos para apedrearla y le preguntan a Jesús qué deben hacer con ella. Pero Él, con calma, se inclina y escribe en el suelo. Luego se levanta y dice: "El que de ustedes esté sin pecado, sea el primero en arrojarle una piedra" Juan 8:7 RVR1960.

Lo sorprendente es esto: Todos soltaron sus piedras. Uno por uno, comenzaron a retroceder, desde los más ancianos hasta los más jóvenes. La Biblia no especifica cuáles eran sus pecados. No sabemos qué escribió Jesús en la tierra. Algunos teólogos sugieren que escribió los pecados de cada uno. Tal vez... tal vez, no. Lo cierto es que cada uno se enfrentó consigo mismo, con su humanidad, con sus debilidades y decidieron no seguir apuntando con el dedo.

A veces, criticamos a esos fariseos. Los llamamos hipócritas. Orgullosos. Legalistas. Y sí, muchas veces lo fueron. Pero en ese momento, hicieron algo admirable: reconocieron su vulnerabilidad. Se dieron cuenta de que no eran mejores que la mujer a la que acusaban. Se vieron reflejados en ella. Y eligieron soltar sus piedras. Eso es algo que, como Iglesia, necesitamos aprender a hacer.

Vivimos en tiempos donde es más fácil juzgar que restaurar. Donde es más cómodo señalar que acompañar. Pero si queremos parecernos a Jesús, tenemos que subir la vara un poco más y no tan solo soltar la piedra, sino también ayudar a levantar. Nosotros, como iglesia, no podemos tan sólo soltar la piedra e irnos. Tenemos que quedarnos. Quedarnos para amar. Quedarnos para acompañar. Quedarnos para decir: "Tampoco yo te condeno. Ve, y no peques más".

Este es un llamado a dejar de aparentar perfección.

Un llamado a recordar que todos necesitamos gracia.

Un llamado a soltar nuestras piedras, las de juicio, de orgullo, de religión sin amor, y caminar con quienes han caído, porque mañana podríamos ser nosotros.

A veces, nos apresuramos a señalar, a criticar, o a lanzar juicios sin pensar que, al final del día, todos somos humanos y todos estamos en un proceso continuo de transformación.

Es fácil caer en la trampa de decir: "Oye, hiciste esto mal", "Te vi en este lugar," o incluso "Te vi hablando con esa persona…". Pero, ¿qué tal si en lugar de juzgar o acusar hacemos las preguntas correctas, las que realmente pueden marcar la diferencia en la vida de alguien? ¿Por qué no nos acercamos con un corazón lleno de compasión y decimos: "¿Necesitas ayuda? ¿Hay algo por lo que puedo orar por ti?"

Esas preguntas reflejan amor, muestran cuidado genuino, invitan a la persona a abrirse, a compartir sus luchas, sus dudas y sus temores. Porque, al final del día, todos necesitamos de la gracia que solo Dios puede darnos, sin importar lo que hayamos hecho o dejado de hacer. Y, como cristianos, debemos recordar que, al igual que necesitamos ser llenos de gracia hacia los demás, también debemos extenderla hacia nuestros líderes.

Es fácil poner en un pedestal a nuestros pastores, ministros y líderes, y olvidar que ellos también son seres humanos, vulnerables, que tienen que enfrentar sus propias luchas. El estandarte más alto al cual debemos aspirar es el de Jesucristo, y después de Él, todos estamos al mismo nivel. Los líderes no son inmunes a las tentaciones y a los desafíos de la vida. Todos, sin excepción, necesitamos esa gracia que Dios vino a darle al mundo a través de Jesucristo.

Dejemos de ser de los que apuntan con el dedo, de los que critican o que buscan encontrar fallas. En cambio, seamos aquellos que levantan, que restauran, que extienden una mano amiga y una oración sincera. Seamos una comunidad que no solo se preocupa por las apariencias, sino que se interesa por el corazón de cada persona, que sabe que el proceso de sanidad y restauración es para todos. Porque al final, lo que Dios nos llama a hacer es a amar como Cristo lo hizo, sin reservas, sin condiciones. Todos, cristianos o no, necesitamos la gracia, porque todos somos imperfectos, pero en Cristo, todos somos perfectamente amados.

VASIJAS AGRIETADAS

Una vez escuché una historia sobre una mujer que cada mañana iba al río a llenar dos vasijas de agua. Una de ellas estaba perfecta; la otra tenía grietas. Día tras día, la mujer caminaba el mismo sendero de regreso a casa. Y, día tras día, el agua goteaba silenciosamente desde la vasija rota.

Al principio, se sintió frustrada. Pensaba: "¿Para qué llevar algo que no puede retener lo que se le ha dado? ¿De qué sirve una vasija agrietada?" Pero con el tiempo, empezó a notar algo en el camino que recorría cada día. Justo por donde el agua se derramaba, habían comenzado a crecer flores. El agua, que parecía desperdiciada, había regado la tierra seca. Sin que ella lo planeara, sin que al momento nadie lo notara, esas grietas poco a poco lograron añadir hermosura al sendero. La belleza y la transformación pueden surgir de lo inesperado, e incluso de las imperfecciones.

Así es nuestra vida con Dios. A menudo nos vemos como vasijas agrietadas. Cargamos con el peso de nuestras fallas, nuestras decisiones, nuestras heridas. Pensamos que, por haber fallado, ya no somos útiles. Que estamos demasiado rotos para ser usados por Dios. Pero lo que esta historia me enseñó, y lo que mi propia vida me ha confirmado, es que Dios no desecha las vasijas rotas... las usa. Las llena con Su gracia. Y permite que, aun a través de nuestras grietas, otros reciban vida.

Durante mucho tiempo me pregunté por qué Dios permitió que me ocurrieran cosas que me marcaron. Por qué me dejó caminar por caminos que no fueron Su diseño perfecto para mí. Pero incluso allí, en medio de mis "metidas de pata", Su mano nunca me soltó.

De las grietas de mi vasija aprendí que cada día necesitamos depender de Dios. Ellas me hicieron sensible al dolor de otros, me enseñaron a ser humilde, más agradecida y a que no tengo que aparentar perfección. Hoy entiendo que mis grietas no cancelan mi propósito... lo revelan.

A través de mi historia de quebranto, otros han encontrado esperanza. Mi testimonio, imperfecto y lleno de fallos, ha regado el alma de quienes también pensaban que no había redención para ellos. No necesitas ser una vasija perfecta para ser usada por un Dios perfecto. Solo necesitas estar dispuesta o dispuesto a ser lleno(a), a ser dirigido(a). A permitir que, incluso en tu quebranto, Dios haga florecer algo eterno. Porque aun las vasijas rotas... sí, también llevan agua. Y con esa agua, Dios puede hacer brotar vida en el desierto de alguien más.

Mis grietas no cancelan mi propósito... lo revelan

TE INVITO HACER ESTA ORACIÓN:

Señor, gracias por recordarme que no importa cuán roto(a) me sienta, Tú puedes usar mi vida para algo hermoso. Gracias por llenar mis grietas con Tu gracia, y por hacer que lo que parecía inútil se convierta en algo que da vida. Ayúdame a ver mis debilidades y mis fracasos, no como barreras, sino como oportunidades para mostrar Tu poder. Hoy te entrego todas mis cargas, mis dolores y mis inseguridades. Que cada grieta, cada caída, cada error, sea un testimonio de Tu redención. Te pido que sigas usando mi vida, aunque no sea perfecta, para llevar agua a aquellos que más lo necesitan. En el nombre de Jesús, amén.

REFLEXIÓN:

1.¿Cómo te ves a ti mismo(a) hoy?

Reflexiona sobre las áreas de tu vida donde sientes que estás "roto(a)". ¿Qué grietas has estado ignorando o lamentando? ¿Cómo puedes ver esas grietas desde una perspectiva divina, como una oportunidad para que Dios trabaje en tu vida?

2. Tu historia tiene un propósito.

Si pudieras mirar tu vida como una vasija que ha sido quebrada, ¿cómo crees que Dios puede usar esas grietas para tocar a otros? Piensa en un momento en el que sentiste que tu dolor o vulnerabilidad ayudó a alguien más.

3.El gozo en las grietas.

¿Qué cosas difíciles de tu vida hoy podrían convertirse en testimonios de esperanza y gozo para otros? Piensa en algo que puedas compartir con alguien más, sin esconder tus imperfecciones, sino mostrando cómo Dios ha obrado en medio de ellas.

4. Tu llamado en el quebranto.

Reflexiona sobre cómo Dios puede usar tus luchas para impactar a los demás. ¿Hay algo que sientes en tu corazón que Dios te está llamando a hacer, a pesar de tus imperfecciones? Toma hoy ese paso de fe.

TU HISTORIA IMPORTA

Si has llegado hasta el final de este libro, quiero que sepas algo muy importante: ¡No fue casualidad! El Espíritu Santo te ha guiado hasta aquí, y eso no es algo que deba tomarse a la ligera. Muchas personas comienzan un viaje de lectura y lo abandonan a mitad de camino, pero tú no. Tú has perseverado, has llegado hasta aquí. Te felicito y admiro profundamente por eso. No todos tienen la disposición ni el coraje de seguir adelante, de enfrentar los desafíos que se presentan, y continuar, incluso cuando el camino parece difícil. Pero tú lo has hecho.

Cada página que has leído, cada palabra que has permitido entrar en tu corazón, ha sido parte de un propósito mayor que Dios tiene para ti. Si Dios permitió que este libro llegara a tus manos y que lo leyeras completo, es porque eres valioso(a) para Él. Y no solo eso, eres esencial en Su plan, tan importante que Él ha querido hablarte directamente a través de estas palabras.

Quizá no lo sabías cuando comenzaste a leer, pero este momento tiene un significado mucho más profundo de lo que puedas imaginar. Dios no hace nada sin propósito. Si Él te condujo hasta este capítulo final, es porque hay algo que Él quiere que veas y entiendas. Tu historia no ha terminado aquí, y lo que has aprendido hasta este momento es solo un escalón para algo aún más grande.

Así que, al llegar al final de estas páginas, quiero que te detengas un momento a reflexionar sobre el increíble valor que tienes ante los ojos de Dios. Tu vida tiene un propósito eterno, y este libro ha sido solo una pequeña parte de esa maravillosa travesía que Él ha intencionado para ti.

Quizás ahora no lo entiendes, tal vez no puedes ver el propósito detrás de todo lo que has pasado, pero un día, mirarás atrás, y verás la obra que Él ha hecho en ti y a través de ti. Verás que incluso en tus peores momentos, cuando más herido(a) te sentías, Él estaba trabajando para formarte en una obra maestra de su gracia.

No te equivoques: las cicatrices que llevas no son marcas de derrota, son testigos de victoria.

Cada quebranto, cada caída, cada paso, ha sido parte del proceso que Dios usó para hacerte más fuerte, más sabio, más lleno de Su gracia. Lo que el mundo ve como vulnerabilidad, Él lo ve como una oportunidad para mostrar Su poder. Lo que en tu mente es solo un pedazo roto de tu historia, Dios lo transforma en una obra maestra de restauración.

Entonces, ¿qué harás ahora? La vida no es perfecta, y tú tampoco lo eres, pero ese es el punto: Dios no necesita perfección, necesita disposición. ¿Estás dispuesto a levantarte?

Deja de esconderte detrás de la inseguridad y la condena que el enemigo quiere que lleves. Quítate la chaqueta de la vergüenza que has estado usando porque lo que has vivido no te define, sino lo que Dios ha hecho en ti y seguirá haciendo a través de ti.

Las cicatrices que llevas no son marcas de derrota, son testigos de victoria.

CUENTA TU HISTORIA.

No dejes que el miedo a lo que otros piensen te impida compartir la maravilla de lo que Dios ha hecho en tu vida. La gente necesita oírlo. El mundo necesita ver lo que parece roto, porque ahí está la verdadera belleza. Ahí está la verdad de la gracia de Dios: que aun cuando parecía que todo estaba perdido, Él te volvió a llamar por tu nombre.

"Pero Dios mostró el gran amor que nos tiene al enviar a Cristo a morir por nosotros cuando todavía éramos pecadores" Romanos 5:8 NTV.

Tu historia es importante. Tu vida tiene un propósito. Cada lucha, cada derrota, cada victoria, cada restauración, tiene un significado que va mucho más allá de lo que puedes ver ahora. La gente que te rodea necesita ver la obra maestra que Dios está creando en ti. Necesitan ver que, aunque la vasija tenga grietas, todavía lleva agua. Y esa agua, esa gracia, puede dar vida a aquellos que más lo necesitan.

Tu historia también contiene lecciones y experiencias valiosas que debes contar para inspirar y llevar esperanza a otros que están pasando por situaciones similares. ¡No la guardes, no la encubras, no la calles!

Eres parte del magistral diseño de Dios, una pieza única y valiosa dentro de su plan. **¡Eres una obra maestra de su gracia!**

Made in the USA
Coppell, TX
11 February 2026